essentials

Essentials liefern aktuelles Wissen in konzentrierter Form. Die Essenz dessen, worauf es als „State-of-the-Art" in der gegenwärtigen Fachdiskussion oder in der Praxis ankommt. Essentials informieren schnell, unkompliziert und verständlich

- als Einführung in ein aktuelles Thema aus Ihrem Fachgebiet
- als Einstieg in ein für Sie noch unbekanntes Themenfeld
- als Einblick, um zum Thema mitreden zu können

Die Bücher in elektronischer und gedruckter Form bringen das Expertenwissen von Springer-Fachautoren kompakt zur Darstellung. Sie sind besonders für die Nutzung als eBook auf Tablet-PCs, eBook-Readern und Smartphones geeignet.

Essentials: Wissensbausteine aus den Wirtschafts, Sozial- und Geisteswissenschaften, aus Technik und Naturwissenschaften sowie aus Medizin, Psychologie und Gesundheitsberufen. Von renommierten Autoren aller Springer-Verlagsmarken.

Wolfgang Immerschitt

Aktive Krisenkommunikation

Erste Hilfe für Management und Krisenstab

Dr. Wolfgang Immerschitt
Salzburg
Österreich

ISSN 2197-6708 ISSN 2197-6716 (electronic)
essentials
ISBN 978-3-658-10943-1 ISBN 978-3-658-10944-8 (eBook)
DOI 10.1007/978-3-658-10944-8

Die Deutsche Nationalbibliothek verzeichnet diese Publikation in der Deutschen Nationalbibliografie; detaillierte bibliografische Daten sind im Internet über http://dnb.d-nb.de abrufbar.

Springer Gabler

Gedruckt auf säurefreiem und chlorfrei gebleichtem Papier

Springer Fachmedien Wiesbaden ist Teil der Fachverlagsgruppe Springer Science+Business Media
(www.springer.com)

Was Sie in diesem Essential finden können

- Das perfekte **Krisenmanagement** schafft es, Probleme erst gar nicht virulent werden zu lassen. Durch gezielte Beobachtung, Issue Management und aktive Kommunikation lassen sich mögliche Krisenherde erkennen und am Ausbrechen hindern.
- Jede Krise ist anders, dennoch gibt es Rezepte für erfolgreiche **Krisenkommunikation.** Wie Sie die wesentlichen internen und externen Stakeholder auswählen und fokussieren, wird anhand von konkreten Beispielen gezeigt.
- Ein wesentliches Instrument zur Vorbereitung auf Probleme ist das **Krisenhandbuch**: Sie erfahren, wie Sie Abläufe, Verantwortlichkeiten, interne und externe Verständigungsketten, Kontaktdaten von Medien, Behörden und Blaulichtorganisationen und Leitfäden für involvierte Mitarbeiter erstellen. Behandelt werden organisatorische Fragen der Zusammensetzung des Krisenstabs und der Abläufe in diesem Gremium.
- Ohne Training bleiben die Aktivitäten zur Krisenprävention in der Theorie stecken. Deshalb erhalten Sie Tipps, wie in **Notfallübungen** und **Medientrainings** der Krisenstab, die Mitarbeiter mit Kontakt zu wichtigen Stakeholdern und die Kommunikationsverantwortlichen geschult werden sollen.
- Jede Krise geht bei richtigem Handling nach kurzer, bei schlechter Herangehensweise nach längerer Zeit vorüber. deshalb ist es wichtig, aus diesen **Erfahrungen zu lernen**.

Vorwort

Mit mehr als 27 Mio. Treffern ist der Begriff Krise bei Google hoch im Kurs. Die Spitzenreiter bei den 2015 aktuellen Suchergebnissen betreffen keine von Unternehmen ausgelöste Flops, dennoch hatten verschiedene Veränderungen massive Auswirkungen auf die Wirtschaft: die Schuldenkrise der Staaten, die fröhlich ihre Konten überzogen und irgendwann einmal ihre Schulden nicht mehr ordentlich bedienen konnten, der Ukraine-Konflikt und das folgende Russland-Embargo, der IS-Terror oder die Aufhebung der Frankenbindung an den Euro und damit dessen Übergabe an das Spiel der Währungskräfte: Immer wurden Myriaden von Unternehmen und ganze Branchen oder Volkswirtschaften auf dem falschen Fuß erwischt.

Es sind freilich nicht nur wirtschafts- und währungspolitische Turbulenzen, Staaten- oder Religionskonflikte, die Krisen exogen auslösen. Viele Erschütterungen entstehen in den Unternehmen selbst. Frühzeitig potenzielle Krisenherde auszumachen – zu vermeiden, dass sie offen zu lodern beginnen – baut Schutzschilde auf.

Als Kommunikationsberater habe ich schon vielfältige Formen von Unternehmenskrisen gemanagt, Workshops und Medientrainings für CEOs, Manager und Mitarbeiter abgehalten und nicht zuletzt als Dozent Fallstudien gemeinsam mit Studierenden bearbeitet. Häufig geht es bei Unternehmenskrisen um sehr viel. In jedem Fall steht die Reputation, der gute Name, die Marke auf dem Spiel. Oft geht es um Arbeitsplätze, die verloren gehen. In ganz schlimmen Fällen steht das Überleben des Unternehmens insgesamt in Frage. Immer aber sind Personen mittelbar oder unmittelbar betroffen. Besonders bedrückend sind Fälle, in denen Menschen durch Arbeitsunfälle sterben. Es lässt niemanden kalt, wenn Menschen sich verletzen oder sterben, wenn Familien ihre Lebensgrundlage entzogen wird, weil ein Betrieb schließen muss. Auch für Spitzenmanager ist die Situation massiv belastend, wenn sie öffentlich in die Kritik geraten oder ihrer Funktion enthoben werden.

Die Phänomene von Krisen machen es den unmittelbar Betroffenen oft sehr schwer, professionell zu agieren. Wie auch, wenn die Nerven blank liegen. Da schadet es nicht, sich einmal in die Helikopterposition zu begeben, um mit Abstand und aus einer anderen Perspektive verschiedene Szenarien durchzuspielen und nach Gesetzmäßigkeiten zu suchen.

Zielgruppe dieser Schrift sind in erster Linie Krisen- und Kommunikationsmanager[1] von Unternehmen und öffentlich-rechtlichen Organisationen, Rechtsanwälte, die sich mit Litigation-PR beschäftigen und nicht zuletzt Studierende der Fachbereiche Kommunikationswissenschaft, Betriebswirtschaft und Recht.

Salzburg, im April 2015 Dr. Wolfgang Immerschitt

[1] Größter Respekt an dieser Stelle vor Frauen, die gerade in Krisen eine enorm wichtige Rolle einnehmen. Sie werden hier nur ob der besseren Lesbarkeit nicht immer extra angeführt.

Inhaltsverzeichnis

Ursachen und Arten von Krisen 1

Wenn Sie in Ihrem Unternehmen gerade eine Krise durchleben, können Sie sich – bei aller Unbill, die Sie erleiden – wenigstens an der schönen Definition des Wortes Krise von Max Frisch erfreuen: „Eine Krise ist ein produktiver Zustand. Man muss ihr nur den Beigeschmack der Katastrophe nehmen."[1] In diesen beiden Sätzen steckt etwas, was häufig übersehen wird: der Ansatz zur Lösung des Problems. Eine Krise [aus dem griechischen krísis = „Entscheidung"] ist eine schwierige, gefährliche Situation, ein Wendepunkt einer Entwicklung, eine Entscheidungssituation. Krisen entstehen immer dort, wo Menschen miteinander umgehen und dabei Meinungsverschiedenheiten auftreten. In einem gesellschafts- und wirtschaftspolitisch sich rasch ändernden Umfeld sind auftretende Krisen keine Seltenheit. Es sollte im Gegenteil eher zu denken geben, wenn ein Unternehmen gar keine Veränderungsprozesse durchläuft.

„Wie auch immer der Wandel zustande kommt, er stellt eine besondere Herausforderung für die Unternehmenskommunikation dar, da er vielen Menschen in den Unternehmen und im Umfeld Angst macht. Bestehendes verliert an Gültigkeit, neue Herausforderungen werden sichtbar, Orientierung fällt schwer und nicht selten macht sich bei Unternehmen und Stakeholdern gleichermaßen Aktionismus breit. Man weiß nicht mehr so recht, welcher Weg ins Ziel führt; dafür läuft man eben umso schneller."[2]

► Aufgabe des Krisenmanagements ist es, alle jene Prozesse in der Unternehmung zu vermeiden (Krisenprävention) oder zu bewältigen, die Erschütterungen auslösen können bzw. ausgelöst haben.

[1] Zitiert nach: Michael Miersch: Philosophie der Krise: Max Frisch. http://www.welt.de/welt_print/article2561201/Philosophie-der-Krise-Max-Frisch.html.

[2] (Mast 2006, S. 405)..

W. Immerschitt, *Aktive Krisenkommunikation,* essentials,
DOI 10.1007/978-3-658-10944-8_1

Krisenmanagement stellt eine besondere Form der Unternehmensführung mit höchster Priorität dar. Hier gilt ganz besonders das, was Sigmund Freud sehr anschaulich für alle Formen von komplexen Lösungen einmal sinngemäß gesagt hat, dass nämlich Denken Handeln in kleinen Energieeinheiten sei. Winston Churchill wird die Aussage zugeschrieben: „Let our advance worrying become advance thinking and planning."[3]

Die vier Basiskriterien eines erfolgreichen Krisenmanagements sind:

- **Beobachten:** Wer nicht weiß, was um ein Unternehmen herum vorgeht, kann auch nicht rechtzeitig reagieren. Die Methode für die systematische Umfeldanalyse ist *Issue Management*.
- **Analysieren:** Die beobachteten exogenen und endogenen Phänomene müssen auf die Auswirkungen hin überprüft werden. Daraus sind die richtigen Schlüsse zu ziehen und die Verfahren und Abläufe zu definieren. Das Instrument dafür ist das *Krisenhandbuch*.
- **Trainieren:** Keine Krise ist wie die andere. Es gibt aber immer wiederkehrende Muster, auf die man sich durch Übung einstellen kann. Dieses *Einüben und Trainieren* betrifft sowohl die Krisenmanager als auch die Kommunikationsverantwortlichen und nicht zuletzt jene Mitarbeiter, die im Kunden- und Lieferantenkontakt stehen.
- **Informieren:** Laufende *Kommunikation* nach innen und außen ist die beste Vorbereitung auf außergewöhnliche Ereignisse. So werden Beziehungsnetzwerke geknüpft, Vertrauen aufgebaut und Verfahren standardisiert.

Wir beschäftigen uns zunächst damit, in welchen Bereichen Krisen überhaupt entstehen können. Meistens denken Manager dabei in erster Linie an Unfälle oder Produktionsfehler. Dabei sind das die Krisen, die am einfachsten zu lösen sind. Exogene Faktoren, die Probleme bereiten, sind meist viel komplexer zu handhaben, weil die Ursachen außerhalb des unmittelbaren Einflussbereichs des Unternehmens liegen.

1.1 Themenfelder, die Krisen auslösen können

Wenn Manager und Kommunikationsverantwortliche sich mit dem Thema Krise auseinandersetzen, denken Sie in der Regel zuallererst an die Fälle, in denen es brennt, kracht oder Menschen während der Arbeit zu Schaden kommen. So

[3] https://groups.google.com/forum/#!topic/churchillchat/mxsx5WeXQas.

schlimm diese Fälle auch sein mögen: Sie sind in der Regel am einfachsten zu lösen. Vor allem ein Umstand kommt dabei den Betrieben zu Gute: Sie werden bei der Problemlösung von den Blaulichtorganisationen – also Polizei, Feuerwehr und Rettung – unterstützt. Zudem übernehmen diese auch Kommunikationsaufgaben.

Andere Krisenursachen sind wesentlich diffiziler zu handhaben. Einerseits, weil sie komplexer und ihre Ursachen und Auswirkungen schwerer einzuschätzen sind. Die Krisenursachen in Tab. 1.1 umfasst bei weitem nicht alle Bereiche und Themenfelder, die eine Rolle spielen können. Allerdings sind die genannten Punkte umfangreich genug, um bei einem moderierten Workshop sehr rasch die wichtigsten Anlassfälle für Ihr Unternehmen derivieren zu können.

Tab. 1.1 Krisenursachen

Bereiche	Themen
Gesetze und Auflagen	Qualitätsnormen | Kartellrecht | Umweltschutz | Umweltauflagen | Wettbewerbsrecht | EU-Freizügigkeit | Arbeitsverfassung | TTIP | Compliance-Regeln | Social Accountability
Geschäftsprobleme	Negatives Geschäftsergebnis | Produktprobleme | Investitionen | Bauvorhaben | Transporte | Werkverträge | Qualitätsnormen | Bürgerinitiativen | Diebstahl geheimer Informationen | Patentrechtsverletzungen | Softwarepiraterie | Verlust eines bedeutsamen Kunden |
Kunden/Lieferanten	Beschwerden | Diebstahl | Kidnapping | Kündigung Partnerschaft | Lieferengpässe | Zahlungsausfälle | Insolvenzen | Auszeichnungsfehler |
Produktionsprozesse	Produktsicherheit | Schlechte Produkt- oder Dienstleistungsqualität | Unterbrochene Supply Chain | Fehler von Subunternehmern | IT-, Telekommunikation oder Stromausfall | Internetkriminalität | Transporte | Naturkatastrophen
Mitarbeiter	Größere Anzahl an Kündigungen | Gewerkschaftliche Maßnahmen | Trennung von Führungskräften | Arbeitszeit | Arbeitsunfall | Hygiene (z. B. Kantine) | Externe Arbeitskräfte | Fehlverhalten von Managern | kriminelle Handlungen | Sabotage | Gewalt am Arbeitsplatz
Umweltschutz	Abfälle | Unfall mit Umweltbeeinträchtigung | Abwasser | Entsorgung | Abgase | Witterungseinflüsse |

1.2 Verschiedene Stufen auf der Eskalationsleiter

Der disruptive Wandel von Unternehmen hat die unterschiedlichsten Ursachen. Die in Tab. 1.1 aufgeführten Themenbereiche zeigen zumindest in Ansätzen, was alles passieren kann. Wenn Sie sich systematisch der Krisenprävention widmen, müssen Sie die Fälle herausfiltern, die in Ihrem Unternehmen mit relativ großer Wahrscheinlichkeit eintreten können.

Drohende Gefahren werden gerne einmal „übersehen", auch dann, wenn sie unübersehbar sind. Hier unterscheiden sich Manager nicht wirklich von deren Mitarbeitern. Das gilt besonders für **potenzielle Krisen**. Die Gefahr schlummert noch im Verborgenen: „Die Entwicklung hat das Potenzial einer Krise, wird jedoch nicht als solche wahrgenommen bzw. intern und öffentlich nicht thematisiert."[4] Hier geht es darum, Issue Management zu betreiben, sich durch Beobachtung des wirtschaftlichen, gesellschaftlichen, personellen und rechtlichen Umfelds auf mögliche Veränderungen einzustellen und Trends zu beobachten.

Bei **latenten Krisen** gerät das bestehende System bereits aus dem Gleichgewicht. Hier heißt es, Maßnahmen zur Restabilisierung zu ergreifen. „Übliche Problemlösungsmechanismen scheinen zunächst zu greifen, in der öffentlichen Wahrnehmung und in den meisten operativen Bereichen der Firma ist die Krise noch nicht angekommen. Probleme sind gegebenenfalls nur der Unternehmensleitung bekannt."[5]

Bei der **akuten Krise** wird das Problem auch der Umwelt bekannt. Das geschieht oft sehr abrupt, was die Management- und Kommunikationsqualitäten binnen kürzester Zeit auf die Probe stellt. Um keinen nachhaltigen Reputationsschaden zu erleiden muss die Krise zugleich bewältigt und kommuniziert werden.

In der **Nach-Krisenphase** sind die entsprechenden Lehren zu ziehen aus dem Erlebten (oder Erlittenen). Hier gilt es aber auch, allen bei der Lösung Beteiligten zu danken und sich darauf einzustellen, dass bei „Jahrestagen" Nachfragen zu den Auswirkungen kommen können.

Nicht jeder Notfall löst sofort eine Krise aus, und nicht jede Krise hat dieselbe Dimension. Deshalb muss jeder Anlass auf seine Tragweite geprüft werden. Hier müssen klare Regeln aufgestellt und im Unternehmen kommuniziert werden. Sonst können zwei Extreme auftreten: Entweder wird jede Mücke zum Elefanten aufgeblasen oder man verständigt sich auf kollektives Wegschauen. Beides ist problematisch. Je größer ein Unternehmen, desto komplexer sind die Abläufe und desto genauer müssen die Spielregeln definiert sein. Internationale Konzerne müssen zudem klar definieren, ob ein Vorfall von lokaler, nationaler oder sogar internationaler Bedeutung ist. Entsprechend unterschiedlich setzen sich die Task Forces zusammen, die die Krise zu bewältigen haben.

---

[4] (Puttenat 2009, S. 35).

[5] (ebenda).

Als grobe Richtlinie gelten folgende Stufen,[6] die den menschlichen und wirtschaftlichen Schaden sowie die Reputationsprobleme in der Öffentlichkeit berücksichtigen: Die Krisenfarbe Rot ist dann gegeben, wenn internationale Auswirkungen zu befürchten sind, Orange bei nationalen Dimensionen, Blau hat lediglich regionaler Bedeutung. Tabelle 1.2 mit den Eskalationsstufen ist ebenfalls taxativ zu verstehen.

Tab. 1.2 Eskalationsstufen

Kategorien	Beispiele	Krisenstufe blau Abwicklung lokal	Krisenstufe orange Abwicklung regional/ national	Krisenstufe rot Abwicklung international
Medien	Negative Berichterstattung über: – Einzelne Werke – Gesamtes Unternehmen – Einzelne Mitarbeiter	– Lokale Medien berichten – Kein Aufgreifen durch nationale Presse zu erwarten	– Nationale Medien berichten – Kein Aufgreifen durch internationale Presse zu erwarten	– Internationale Medien berichten
Produktionsprozess	– Brände – Unfälle –Produktionsfehler	– Kleiner Sachschaden – Kein Personenschaden – Produktionsstopp max. ein Tag – Einzelne Erkrankungen	– Leichter Personenschaden – Mittlere Sachschäden – Produktionsstopp mehr als ein Tag – Mehrere Erkrankungen	– Schwere Sachschäden – Längerer Produktionsstopp – Schwere Personenschäden – Epidemie
Transportprozess	– Unfälle	– Kleiner Sachschaden – Kein Personenschaden – Kein Einfluss auf Lieferungen	– Leichter Personenschaden – Sachschäden – Beeinflusst einzelne Lieferungen	– Schwere Sachschäden – Schwere Personenschäden

[6] Quelle: Plenos – Agentur für Kommunikation.

Tab. 1.2 (Fortsetzung)

Kategorien	Beispiele	Krisenstufe blau Abwicklung lokal	Krisenstufe orange Abwicklung regional/ national	Krisenstufe rot Abwicklung international
NGOs	– Demonstrationen – Zufahrtssperren – Anzeigen bei Behörden	– Keine Beeinträchtigung des Geschäftsbetriebs – Nur lokale Medienpräsenz	– Leichte Beeinträchtigung des Geschäftsbetriebs – Nationale Medienpräsenz	– Schwerwiegende Beeinträchtigung des Geschäftsbetriebs Internationales Medieninteresse
Bürgerinitiativen	– Protest gegen: – Neues Werk – Ausbau eines Werkes – Schließung eines Werkes – Umweltbelastung durch ein Werk	– Proteste von regionaler Bedeutung	– Proteste von nationaler Bedeutung	– Proteste von internationaler Bedeutung
Gesetze und Auflagen	Härtere/strengere Auflagen für: – Produkte – Produktions-, oder Transportprozesse – Mitarbeiterführung	– Kein Einfluss auf Produktion	– Beeinflusst Produktion	– Verursacht entscheidende Änderungen in der Produktion
Kriminalität/ Terrorismus/ Industriespionage	– Diebstahl – Anschläge	– Schaden gering – Kein Delikt nach Strafrecht	– Schaden bis 100.000 €	– Schaden über 100.000 € bzw. bedeutenderes strafrechtliches Verfahren
Umweltproblem	– Unfall mit Umweltfolgen – Austritt von Gasen – Abfall- oder Abwasserproblem	– Auf Werksareal begrenzt – Kleiner Sachschaden – Kein Personenschaden – Produktionsstopp max. ein Tag	– Leichte Personenschäden – Sachschäden – Produktionsstopp mehr als ein Tag, geht über Werksareal hinaus	– Schwere Sachschäden – Produktionsstopp – Schwere Personenschäden

Tab. 1.2 (Fortsetzung)

Kategorien	Beispiele	Krisenstufe blau Abwicklung lokal	Krisenstufe orange Abwicklung regional/ national	Krisenstufe rot Abwicklung international
Kunden/ Lieferanten	– Lieferschwierigkeiten – Beschwerden – Insolvenzen – Kündigung von Partnerschaften – Auszeichnungsfehler	– Einzelfälle betreffend	– Ein Werk betreffend	– Ganze Wirtschaftszweige betreffend
Mitarbeiter	– Entlassungen – Kündigungen – Gewerkschaftsaktionen – Verstöße gegen Compliance-Regeln – Arbeitsunfälle	– Einzelne Mitarbeiter – Mittleres Management – Keine überregionale Bedeutung – Leichte Verstöße gegen Compliance-Regeln – Leichtverletzte	– Größere Anzahl Mitarbeiter – Topmanagement auf nationaler Ebene betroffen – Arbeitsmarktservice muss verständigt werden – Gewerkschaftsagitation mit nationaler Auswirkung – Schwere Verstöße gegen Compliance-Regeln mit rechtlichen und medialen Folgen – Schwerverletzte	– Größere Anzahl Kündigungen in mehreren Werken bzw. von bekannteren Topmanagern auf Europaebene – Gewerkschaftsaktion mit internationaler Auswirkung – Schwerste Verstöße gegen Compliance-Regeln – Schwerverletzte oder Tote

2 Früherkennung und Prävention von Krisen

Kommunikationsmanagement in außergewöhnlichen Situationen ist ein viel diskutiertes, dokumentiertes und beschriebenes Thema. Dennoch gilt auch heute noch die schon vor Jahren gewonnene Erkenntnis,[1] dass das viele Organisationen nicht davon abhält, sich mangelhaft darauf vorzubereiten. Die beste Form der Krisenbewältigung wäre eigentlich, sie erst gar nicht akut werden zu lassen. „Offenbar ist am gefasstesten, wer auf alles gefasst ist. So gesehen ist nicht morbide, sondern lebensklug, gelegentlich auch an Verlust und Versagen zu denken.“[2]

Stellen Sie sich vor, Sie schlagen aus heiterem Himmel in einer Führungsrunde vor, dass es notwendig wäre, sich mit der größten anzunehmenden Krisensituation auseinanderzusetzen. Sie werden vermutlich auf wenig Verständnis stoßen. Es sei denn, es gibt schon ein subkutanes Gefühl, dass Unheil drohen könnte.

Jedenfalls erfordert der **Vorstoß zur Krisenvorbereitung entsprechende Bewusstseinsbildung im Unternehmen**. Diese scheitert häufig an einer „gefährlichen Mischung aus Betriebsblindheit und mangelndem Problembewusstsein.“[3] In diesem Abschnitt beschäftigen wir uns mit dem Erkennen kritischer Themen und dem Management von Issues.

Dort, wo Krisenprävention systematisch betrieben wird, wird zwischen **harten Fakten und weichen Signalen** unterschieden. In einem Fall geht es um kritische Ereignisse, die sich beispielsweise aus dem Qualitäts-, Risiko- und Beschwerdemanagement ableiten lassen, im anderen um kritische Themen, die in der Gesellschaft Gegenstand eines öffentlichen Diskurses sind und sich auf unternehmerisches Handeln auswirken. Es kommt in der Tat selten vor, dass eine Angelegen-

[1] Mast (2008, S. 98).

[2] Märtin (2010, S. 27).

[3] Roselieb und Dreher (2008, S. 6).

W. Immerschitt, *Aktive Krisenkommunikation,* essentials,
DOI 10.1007/978-3-658-10944-8_2

heit aus dem Nichts auftaucht und dadurch Unternehmen ins Trudeln geraten. Die meisten Krisen sind – empirisch betrachtet – hausgemacht, werden also durch falsche Unternehmenspolitik in den unterschiedlichsten Bereichen ausgelöst. Das kann sich beispielsweise in einer Häufung gleich lautender Beschwerden von Kunden äußern. Lorenz Steinke formuliert das so: „Nur selten trifft die von außen eskalierte Krise auf ein im Kern gesundes Unternehmen. Oft liegen über Jahre etabliert fehlerhafte Prozesse, ein schleichender Kundenverlust oder verkrustete Management-Strukturen vor, die eine Anpassung von Geschäftsmodell und -strategie an aktuelle Markterfordernisse oder veränderte Kundenwünsche vonnöten machen. Nicht selten steht der Riese, der vom Mediengewitter umgeworfen wird, schon seit Längerem auf tönernen Füßen. Doch nachdem Warnungen intern vorher ungehört verhallten, sind der von außen und das damit verbundene Medienecho nur der letzte Anlass für das Öffentlich werden der Krise."[4]

2.1 Auch Themen machen Karriere

Wenn Krisen exogen induziert sind, also von außen in das Unternehmen getragen werden, kommen sie selten aus heiterem Himmel. Sehr häufig kommt es vor, dass eine Materie in der Politik, der Wissenschaft, den Medien, vielleicht auch in einer bestimmten Branche schon länger diskutiert wird. Auch Themen machen also Karriere.[5] Es gibt in jedem Land Leitmedien, die oft den Anstoß für ein Thema geben. In der Folge greifen es andere Medien auf, brechen die Geschichte auf regionale Begebenheiten herunter, und schließlich fließt das alles in einen politischen und gesellschaftlichen Dialog ein.

Dazu zwei Beispiele jüngeren Datums: Die abrupte Beendigung der Bindung des Schweizer Franken an den Euro im Januar 2015 war alles andere als unvorstellbar. Durch die drei Jahre lang währenden Interventionen wurden hohe dreistellige Milliardenbeträge an Euro bei der eidgenössischen Notenbank angehäuft und damit die Geldmenge in der Eidgenossenschaft aufgebläht. Irgendwann musste die auf Preisstabilität bedachte Schweizer Notenbank handeln. Aber das wollte keiner wahrhaben und manche Marktteilnehmer waren wohl auch naiv genug zu glauben, dass rechtzeitig die Klingel betätigt würde, wenn der Zeitpunkt gekommen wäre. Wenige Wochen nach dem SNB-Beschluss wussten die Medien zu berich-

[4] Steinke (2014, S. 46).

[5] http://www.pr-wiki.de/index.php/Main/IssuesManagement#Absatz8.

ten, dass die Schweizer Wirtschaft vor einem massiven Absturz stünde.[6] Hauptbetroffene: Die Exportwirtschaft, der Tourismus und die übrig gebliebenen Nehmer von Frankenkrediten im Ausland, deren Schuldenturm über Nacht in lichte Höhen gewachsen war. Letztere hätten Zeit gehabt, ihre Kredite zu konvertieren. Für die im Außenhandel und im grenzüberschreitenden Dienstleistungsgeschäft in der Schweiz tätigen Unternehmen waren die Möglichkeiten, präventive Maßnahmen zur Krisenbewältigung zu ergreifen, hingegen kaum vorhanden. Sie konnten in der Tat nur hoffen, dass es nicht dazu kommen würde.

Ein anderes Thema, das die Wirtschaft nicht unerheblich beeinflussen wird ist TTIP: Die Transatlantische Handels- und Investitionspartnerschaft wird seit den neunziger Jahren diskutiert und seit Juli 2013 zwischen der Europäischen Union und den USA verhandelt. Ziel dieses Übereinkommens ist es, den Waren-, Dienstleistungs- und Kapitalverkehr von bestehenden Hemmnissen zu befreien. Damit soll die Wirtschaft diesseits und jenseits des Atlantiks angekurbelt werden. Davon ist im öffentlichen Diskurs aber keine Rede. Vielmehr geht es um befürchtete Klagen amerikanischer Konzerne gegen Gesetzesänderungen im Bereich Umwelt, Gesundheit und Soziales zu Lasten der Steuerzahler in Europa. Zum Synonym für das Downgraden der Standards wurde das amerikanische „Chlorhuhn". Ob es angesichts der hitzigen politischen Diskussionen jemals zu einer Ratifizierung des Abkommens kommen wird, ist offen. Aber falls es dazu kommt, wäre es doch angebracht, sich mit den Inhalten[7], die von der EU und einer Reihe weiterer Organisationen online publiziert werden, auseinanderzusetzen. Erkennbar sind derartige Bemühungen von Unternehmen, die Chancen und Risiken von TTIP abzuwägen, gegenwärtig kaum.

Wenn Ihnen die großen Themen der Weltwirtschaftspolitik zu fern und abgehoben erscheinen: Oft sind es Entscheidungen im näheren landes- oder kommunalpolitischen Umfeld, die Unternehmen in ihrer Entwicklung massiv betreffen. Beispiele sind Verkehrsverbote für Lkw auf bestimmten Straßen, die Verteuerung von Schienentransporten oder gar die Einstellung bestimmter bislang genutzter Bahndienstleistungen. Raumordnungsentscheidungen haben schon manchen Betrieb auf dem falschen Fuß erwischt, wenn sie sich plötzlich in einem Umfeld mit Wohnbaugründen wiederfinden, die jede unternehmerische Expansion unmöglich machen. Die Liste exogener Einflussfaktoren, die Unternehmen Probleme bereiten können, ist lang. Neue Normen für Produktionsverfahren, Steueränderungen, gewerkschaftliche Konflikte oder eine Regierung, die reformunfähig ist, sind in der Lage, das unternehmerische Leben vor große Herausforderungen zu stellen.

---

[6] http://www.format.at/finanzen/schweizer-franken/studie-schweizer-wirtschaft-absturz-5426694.

[7] http://ec.europa.eu/trade/policy/in-focus/ttip/index_de.htm.

2.2 Management von Issues

In allen angeführten Fällen haben wir es mit Issues – also Fragen oder Problemen von gesellschaftlichem Interesse mit Konfliktpotenzial – zu tun, die zu managen sind. Dieser Prozess erfolgt in drei Stufen: 1) Thema identifizieren durch Scanning und Monitoring. 2) Der nächste Schritt ist die Bewertung für das eigene Unternehmen. 3) Und schließlich müssen Maßnahmen ergriffen werden.[8] Kommunikative Überforderung in Krisensituationen „basiert zu einem erheblichen Teil auf einer fehlenden kontinuierlichen und systematischen Beobachtung der Organisationsumwelt, d. h. vor allem auf nicht vorhandenen oder nicht funktionierenden strategischen Frühaufklärungssystemen in der Unternehmenskommunikation."[9]

Die Themenidentifikation erfolgt auf zwei Ebenen:

1. **Interne Themenidentifikation durch das Qualitäts-, Risiko und Beschwerdemanagement.** Werden hier bestimmte Eskalationsstufen überschritten, die vorher festgelegt wurden, sind entsprechende Maßnahmen einzuleiten. Liegen etwa zahlreiche inhaltsgleiche Kundenbeschwerden vor, könnte ein Produktrückruf notwendig sein. Die eigenen Mitarbeiter – und zwar nicht nur die in der Qualitätskontrolle oder im Beschwerdemanagement – können wertvolle Beiträge zur frühzeitigen Krisenwahrnehmung leisten[10], dazu müssen sie aber wissen, was von ihnen erwartet wird. Das Bewusstsein muss entwickelt werden, dass kritische Ereignisse „nach oben" gemeldet werden sollen. Das ist auch eine Frage der Unternehmenskultur, konkreter gesagt, des internen Umgangs mit Kritik. Die eigenen Mitarbeiter zu sensibilisieren ist eine wesentliche Aufgabe von Krisentrainings.
2. **Zur Identifikation kritischer externer Themen und der Bewertung der Relevanz für das Unternehmen kommt das Issue Management zum Einsatz.** Anschließend wird eine Themenstrategie für den Fall einer weiteren Eskalation entwickelt. Themen, die für Ihr Unternehmen Veränderungsprozesse einleiten können, finden Sie durch Medienbeobachtung und durch aktive Nutzung der Social-Media-Plattformen für die Meinungsforschung. Genau das tun nämlich auch Journalisten in klassischen Medien.[11] „Unzufriedene Mitarbeiter machen auf Missstände in ihren Unternehmen aufmerksam und liefern den Medien das Bildmaterial gleich online. Journalisten suchen sich aus den öffentlichen Foren

[8] Steinke (2014, S. 26 ff.).

[9] Röttger und Preusse (2008, S. 159).

[10] Roselieb und Dreher (2008, S. 7).

[11] Dazu (Immerschitt 2010, S. 140 f.).

enttäuschter Bankkunden, wütender Bauherren oder verärgerter Urlaubsreisender die pointiertesten und glaubwürdigsten Beitragsschreiber gezielt heraus und haben so gleich die passenden Protagonisten für ihre Story, wo früher wochenlange Recherche nach Tippgebern oder Service-Opfern notwendig gewesen ist. Das macht die Krisenberichterstattung nicht nur schneller, es verändert auch die Themen, über die berichtet wird, und den Umfang, in dem dies geschieht."[12]
Behalten Sie nicht nur die Äußerungen über Ihr eigenes Unternehmen im Auge, sondern schauen Sie auch, wie sich das „Standing" Ihrer Branche entwickelt. Nach 2008 haben einige Wirtschaftszweige massiv gelitten: Banken, Versicherungen und Vermögensverwalter können ein Lied davon singen. Atomenergie ist seit Fukushima völlig unten durch. Die Fleischindustrie sieht sich permanent durch eine zunehmende Zahl an Vegetariern und Veganern in die Verteidigung gedrängt. Der Tourismus in Westeuropa hat durch die EU-Sanktionen gegen Russland massive Nachteile, weil die Russen sich im Westen nicht mehr willkommen fühlen.[13]
Das Kaufverhalten ändert sich nicht nur durch das Onlineshopping. Einen Trend setzt die Generation Y durch Nutzen statt Besitzen. Das wissen Hersteller von Wintersportartikeln schon länger: Die Skiausrüstung wird ausgeliehen und nicht mehr gekauft. Jetzt schlägt das Thema offenbar auch auf die Automobilindustrie durch. Großstädter, zumindest in Mitteleuropa, verzichten immer häufiger auf ein eigenes Auto, betreiben stattdessen Car Sharing.
Es geht bei dieser Beobachtung nicht nur darum, was sich in Ihrer Branche tut oder was die Politik plant. Technologische Veränderungen können ganze Branchen ins Wanken bringen. Denken Sie nur an die CD- und DVD-Produzenten. Massive Veränderungen kann es aber auch durch eine öffentliche Diskussion über Technologiefolgen oder energiepolitische Entscheidungen geben. Der Ausstieg aus der Atomenergie und der massive Einstieg in die Windenergie hat Deutschland in einen industrialisierten Süden mit Strommangel und einen energetisch aufgeladenen Norden mit zu wenigen Abnehmern geteilt. Dazwischen verlaufen zu wenige 380-kV-Leitungen. Welche Emotionen hier mitschwingen, zeigt der Schlagabtausch zwischen Bayerns Ministerpräsidenten, der sich für Gaskraftwerke und gegen Stromleitungen aussprach und dabei offenbar einen Nerv bei seinem Amtskollegen in Schleswig-Holstein getroffen hat.[14]

---

[12] Steinke (2014, S. 185).

[13] http://www.welt.de/wirtschaft/article134684147/Warum-die-Russen-jetzt-lieber-zu-Hause-bleiben.html.

[14] http://www.kn-online.de/Schleswig-Holstein/Landespolitik/Im-Stromtrassen-Streit-harte-Kritik-aus-Kiel-an-Seehofer.

Ein Megatrend liegt im Employer Branding begründet. In alternden Gesellschaften mit rückläufiger Bevölkerung und zunehmender Überalterung werden es Unternehmen immer schwerer haben, geeignete Mitarbeiter zu finden und zu binden. Davon hängt es aber letztlich ab, ob Betriebe ihre Tätigkeit weiter ausüben können.[15] Wer Ärzte, Pfleger, Techniker, Mathematiker, Ingenieure, Programmierer oder Tourismusexperten braucht, kämpft heute schon mit Mangelerscheinungen. Angesichts der Demografie in der DACH-Region wird das Problem nicht geringer. Im Gegenteil!

Um es auf einen Nenner zu bringen: Krisenprävention erfordert immer auch einen Blick über den Tellerrand des eigenen Unternehmens hinaus. Jede Branche kämpft dabei mit unterschiedlichen Herausforderungen. Zum Problem wird das nur, wenn diese Themenfelder nicht erkannt werden. Sind Sie hingegen am Radar des Frühwarnsystems, dehnt das die Reaktionszeit aus.[16]

Es gibt eine Reihe von **Ansatzpunkten, welche Themen Unternehmen öffentliche Aufmerksamkeit und damit latente Krisenanfälligkeit bescheren** und sie daher auch in einer Krise „interessant“ macht. Die für die regionale und internationale Wirtschaft relevante Größe gehört da jedenfalls dazu, auch die Marktführerschaft in einem Segment. Lorenz Steinke hat weitere Faktoren zusammengetragen. Hier eine kleine Auswahl:[17] Ihre Branche hat ein schlechtes Image, Sie beschäftigten sich mit Produkten von hoher Sensibilität (Gesundheit, Ernährung, Kinderbedarf) oder stehen für Nachhaltigkeit und Umweltverträglichkeit. Sie waren bereits häufiger in den Medien, haben also eine „Krisenhistorie“, beziehen ihre Rohstoffe aus unbekannten Quellen oder geben ihren eigenen Kostendruck an Lieferanten weiter. Krisenanfällig sind gleichermaßen stark wachsende Unternehmen, die baulich expandieren wie auch wirtschaftlich schwächelnde Betriebe, die Mitarbeiter freisetzen müssen. Nicht zuletzt sind Veränderungen an der Spitze des Unternehmens, Diadochenkämpfe im Management oder Meinungsverschiedenheiten über die Unternehmensstrategie oft der Stoff, aus dem Krisen entstehen.

Für Unternehmen, für die ein bis zwei der genannten Punkte gelten, trifft in ganz besonderer Weise zu, was der österreichisch-amerikanische Kommunikationswissenschaftler und Soziologe Paul Watzlawick in einem berühmt gewordenen Axiom so formuliert hat: „Man kann nicht nicht kommunizieren, denn jede Kommunikation (nicht nur mit Worten) ist Verhalten und genauso wie man sich nicht

[15] Lösungsansätze für dieses Problem speziell für KMU finden Sie hier: (Immerschitt und Stumpf 2014).

[16] Fischer-Appelt (2009, S. 186).

[17] Steinke (2014, S. 22 f.).

nicht verhalten kann, kann man nicht nicht kommunizieren."[18] Die Politik der verschlossenen Auster hat kaum je funktioniert, denn: „Je hartnäckiger Organisationsverantwortliche in der Krise Mitteilungen verweigern, desto heißer wird es in der Gerüchteküche hergehen. Oder analytischer formuliert: Je weniger die funktionale Kommunikation leistet, desto mehr wird die individuelle mobilisiert."[19]

Für die systematische Beobachtung der Medien gibt es eine Vielzahl an Werkzeugen[20], wie intensiv sie genutzt werden sollen und müssen, hängt nicht zuletzt davon ab, wie exponiert Ihr Unternehmen ist. Liegen mehrere der angeführten Indikatoren für Krisenanfälligkeit vor, sollte der Blick genauer auf das Umfeld gerichtet sein. „Gutes Reputation Management ist ein langfristiger Prozess, der in ruhigen Zeiten … einsetzen sollte. Seien Sie verlässlich, liefern Sie allen Stakeholdern Informationen über Ihr Unternehmen und Ihre Ziele und sondern Sie nicht bloß Werbebotschaften ab, die bei den Medien durchwegs durchs redaktionelle Raster und bei Ihren Kunden durch den Glaubwürdigkeits-Check fallen."[21]

[18] zitiert nach (Immerschitt 2009, S. 26).

[19] Arlt (2008, S. 70).

[20] Steinke (2014, S. 28 f.).

[21] Steinke (2014, S. 33).

Implementierung der Krisenprozesse 3

Zur Implementierung von Krisenprozessen gehören die Erarbeitung des Krisenhandbuchs und der Aufbau des Krisenstabs. Diesen beiden Themen widmen wir uns in diesem Abschnitt.

3.1 Das Krisenhandbuch

Um in kritischen Situationen einen kühlen Kopf zu bewahren, hilft es, wenn ein Krisenhandbuch vorliegt. Dabei handelt es sich um ein betriebliches Regelwerk, das als Orientierungshilfe für die Handhabung von möglicherweise eintretenden Krisen dient. „Ziel eines solchen Notfallplans ist die Sicherstellung eines koordinierten und reibungslosen Ablaufs bei der Krisenbewältigung. Der Krisenplan ermöglicht eine zeitlich verkürzte Bewertung der Lage, eine schnelle Entscheidungsfindung und – damit verbunden – eine frühere Einflussnahme auf den Krisenverlauf."[1]

> Im Krisenhandbuch werden Abläufe, Verantwortlichkeiten, Verständigungsketten, Kontaktdaten und Leitfäden zusammengestellt.

Damit ist es aber nicht getan. Die Unterlagen müssen auch laufend aktualisiert werden. Dafür sind Verantwortlichkeiten zu schaffen. In einem akuten Krisenfall fehlt in der Regel die Zeit, sich um Themen zu kümmern, die standardisierbar sind.

[1] Dreyer und Rütt (2008, S. 73).

W. Immerschitt, *Aktive Krisenkommunikation*, essentials,
DOI 10.1007/978-3-658-10944-8_3

Das impliziert, dass die Mitarbeiter, die in die Bewältigung von Krisen involviert sind, die Prozesse genau kennen müssen und sie auch regelmäßig trainieren.

Das **Krisenhandbuch** stellt sicher, dass

- das Management und die Mitarbeiter des Unternehmens auf mögliche Krisen vorbereitet sind,
- ein gemeinsames Regelwerk für alle Beteiligten vorliegt,
- die organisatorischen Voraussetzungen durch die Einrichtung von fixen Krisenstäben geschaffen sind,
- ein Beziehungsnetzwerk zu Key-Medien und Multiplikatoren sowie Entscheidern auf politischer Ebene aufgebaut wird,
- dem Management und den Mitarbeitern Sicherheit bei der Bewältigung heikler Situationen in akuten Krisen gegeben wird,
- Verständigungsketten definiert und alle wesentlichen Stakeholder mit den dazu nötigen Daten erfasst sind,
- Regeln für die Medien- und Öffentlichkeitsarbeit nach innen und außen vorliegen,
- normiert wird, wie der Krisenverlauf nach Beendigung der akuten Krise nachbearbeitet wird.

Ein guter Teil des Krisenhandbuchs besteht aus **Kontaktdaten von Organisationen und Personen**, die in den verschiedenen Anlassfällen zu informieren sind.[2] Zu bedenken ist dabei, dass unterschiedliche Anlassfälle auch unterschiedliche Informationsabläufe auslösen können. Dazu zwei Beispiele:

Beispiel 1

Bei einer Umweltbeeinträchtigung müssen außer den eigenen Mitarbeitern und den umliegenden Bewohnern Gesundheitsämter, Umweltbehörden, die Kommune und möglicherweise auch Bezirks-/Landkreisämter oder sogar die Landesregierung informiert werden.

Beispiel 2

Bei einem Hackerangriff auf Ihre EDV besteht die Herausforderung darin, die Folgewirkungen abzuschätzen. Wenn ein Schaden entstanden ist, müssen Sie Anzeige erstatten. Vor allem aber müssen Sie abwägen, wer durch das Eindringen außerhalb Ihres Unternehmens noch geschädigt sein könnte. Besonders

[2] Siehe dazu auch Puttenat (2009, S. 74 f.).

sensibel wird es immer dann, wenn personenbezogene Daten abgegriffen worden sein könnten. Niemand will seine Bankauszüge, seine ärztlichen Atteste oder seine Einkommensteuererklärung im Internet lesen. Wenn ein Restrisiko besteht, dass Daten geklaut wurden, führt kein Weg daran vorbei, alle möglichen Betroffenen zu informieren. Das ist zwar unangenehm, aber allemal noch besser, als später als Vertuscher geoutet zu werden.[3]

Diese beiden Beispiele zeigen, dass ganz unterschiedliche Dialoggruppen anzusprechen sind. Zu den Hausaufgaben, die bei der Erstellung des Krisenhandbuchs zu erledigen sind, müssen also die wahrscheinlichsten Fälle durchgespielt werden, um anschließend festzulegen, **wer in den Informationsfluss eingebunden werden muss.**

Denken Sie dabei lieber zu weit als zu eng. Selbstverständlich werden Sie an die für Sie zuständigen Blaulichtorganisationen, an die Verwaltungseinheiten Ihrer Stadt oder Ihres Kreises bzw. Bezirks denken, vermutlich auch an wichtige Politiker oder Interessenvertreter. Auch Key-Account-Kunden und Lieferanten werden Sie am Radar Ihrer Verständigungskette haben. Möglicherweise haben Sie auch die Kontaktdaten von Bürgerinitiativen, von aktiven Werksnachbarn oder NGOs griffbereit. Aber haben Sie beispielsweise daran gedacht, dass es auch notwendig sein könnte, Ihr Werksgelände bei einer größeren Katastrophe abzusperren? Welchen Sicherheitsdienst können Sie dann kontaktieren? Wer erstellt Ihnen ein Gutachten oder kommt als Sachverständiger in Frage? Welches Fachlabor kann Boden- oder Speiseproben analysieren? Oder, um ein ganz hervorragendes Beispiel zu nennen, das Lorenz Steinke anführt: Welches Reisebüro kann Ihre Mitarbeiter in der Krise oder bei Bürgerkriegen und Naturkatastrophen schnell von Ihrer Niederlassung im Ausland zurückholen?[4] Wie die Krise in der Ukraine gezeigt hat, sind derartige Situationen weniger weit hergeholt, als man sich das noch vor kurzer Zeit in Europa vorgestellt hat. Im Krisenhandbuch sind Qs und As, also **Fragen und Antworten**, enthalten.

Beispiel

- Nehmen wir einmal an, Ihr Unternehmen stellt ein Produkt her, bei dessen Produktion es durch biologische, chemische oder mechanische Prozesse zu

[3] Das Thema Datensicherheit und Krisenkommunikation war Gegenstand des it-Businesstalks von nic.at (der österreichischen Vergabestellen der at.Domains) und der Forschungsgesellschaft Salzburg Research. Siehe dazu: http://www.innovators.eu/firmennews/it-businesstalk-die-macht-der-daten/.

[4] Steinke (2014, S. 67).

Zwischenfällen kommen könnte. **Was interessiert in so einem Fall Ihre Nachbarn, die Medien und die Behörden?** Welche Stoffe sind hier im Einsatz?
- Wie funktioniert die Produktion überhaupt?
- Warum müssen dafür die genannten Stoffe überhaupt eingesetzt werden?
- Sind diese giftig?
- Welche Auswirkungen kann es haben, wenn es hier zu einem Unfall kommt?
- Was bedeutet das für die Luft, das Grundwasser, die Natur?
- Welche Gegenmaßnahmen können getroffen werden? Wann wurden die Anlagen zuletzt überprüft? Wer überprüft sie?
- Welche Beanstandungen hat es gegeben?
- Liegt menschliches Fehlverhalten vor?
- Hat es ein ähnliches Ereignis in Ihrem Werk oder einem des Mitbewerbs bereits gegeben?
- Was bedeutet der Vorfall für Ihre Mitarbeiter und die unmittelbaren Nachbarn?
- Ist der Fortbestand des Unternehmens gefährdet? Erwarten Sie ein Strafverfahren?

Unter diesen Fragen werden Sie unschwer einige finden, die einfach und sachlich zu beantworten sind, bei anderen werden Sie auf den Pfad der Spekulation geführt, auf den Sie sich unter gar keinen Umständen begeben dürfen! Die Erfahrung zeigt, dass es gar nicht so selbstverständlich ist, dass alle Mitarbeiter – auch nicht die Mitglieder des Krisenstabs – alle Details der Produktion, alle verwendeten Stoffe, Technologien und Materialien, Absatzmärkte, Mitarbeiterzahlen oder Prüfmechanismen immer auswendig parat haben. In solchen Fällen hilft es sehr, wenn für die verschiedenen Anlassfälle die wichtigsten Daten und Fakten in Argumente gegossen vorliegen.

Ein weiterer Bestandteil des Krisenhandbuchs sind **Leitfäden für Mitarbeiter** an bestimmten Schaltstellen im Unternehmen. Für häufig wiederkehrende Problemfälle können hier auch verbindliche Richtlinien vorgegeben werden. Beispielsweise kommt der Rückruf von Produkten in der Konsumgüterindustrie immer wieder vor. In solchen Fällen gibt es Anweisungen, wann ein Rückruf notwendig ist, wer ihn veranlasst und wer verantwortlich für die Durchführung sowie die Kommunikation der Aktion nach innen und außen ist. Das Mindeste sind **Anweisungen für die Telefonzentrale**, in denen genau steht, was zu tun ist, wenn Kunden, Lieferanten, Nachbarn oder Medien sich melden. Klare Richtlinien muss es auch für den Empfang geben, wie besorgte Gäste oder recherchierende Journalisten zu behandeln sind, die direkt in den Betrieb kommen, um sich Informationen einzuholen.

3.2 Der Krisenstab

Die Aufbauorganisation des Krisenstabs wird sich in der Regel an den Vorgaben des Organigramms des Unternehmens orientieren. Das gilt schon deshalb, weil ja die Geschäftsführung laut GmbH-Gesetz bzw. Aktienrecht als Organ verantwortlich ist und sich deshalb gerade in einer kritischen Situation nicht aus der Verantwortung ziehen kann. Manchmal macht es durchaus Sinn, Geschäftsführung oder Vorstand aus Teilbereichen des operativen Handelns herauszunehmen. In dem Fall muss aber sichergestellt werden, dass die nominierten Personen das Pouvoir erhalten, für das Unternehmen zu handeln, und auch die Anforderungen erfüllen können, die an sie gestellt werden.[5]

Die **Größe und Zusammensetzung** hängt natürlich von den Gegebenheiten des jeweiligen Unternehmens ab. Als sinnvoll erwiesen hat sich – neben der Geschäftsführung – die Einbindung der Zuständigen aus den Bereichen Kommunikation, Finanzen, Recht, Qualitätsmanagement und Vertrieb. Mögliche Stabsangehörige kommen aus den Bereichen IT, Personal, Umweltmanagement und Revision. In einigen Fällen (wenn Mitarbeiter betroffen sind) wird auch der Betriebsrat bzw. die Personalvertretung hinzugezogen. Je nach Anlassfall und Zuständigkeit des Leiters des Krisenstabs und seines Stellvertreters macht es in besonderen Fällen auch Sinn, das Personalmanagement und die Informationstechnik hinzuzunehmen. Auf keinen Fall sollten Sie das Gremium überfrachten. Fünf bis acht Personen sind eine gute Richtgröße. **Achten Sie bei der Auswahl der Personen darauf, dass diese bereit sind, Verantwortung zu übernehmen.** Die üblichen Bedenkenträger helfen Ihnen in einer solchen Situation überhaupt nicht weiter. „Sie treten instinktiv zur Seite, wenn Aufgaben mit einem hohen Risiko des Scheiterns zu verteilen sind."[6]

▶ Die Kommunikationsagenden und die Zuständigkeit für die Beseitigung der Krisenursachen und der Kontakt zu Behörden und Exekutive sind strikt voneinander zu trennen.

Beide Aufgaben können nicht von einer Person gelöst werden. Der Leiter des Krisenstabs – also jene Person, die sich um die Bewältigung der Situation kümmern muss – hat innerhalb des Krisenstabs die Entscheidungskompetenz und beruft das Gremium im Anlassfall ein. In seinen Verantwortungsbereich fällt es, Handlungen anzuordnen, ihm obliegt es zudem, das Krisenhandbuch ständig aktuell zu halten. Ihm zur Seite sollte ein Stellvertreter stehen, damit das Gremium auch handlungsfähig ist, wenn der nominelle Vorsitzende nicht anwesend sein sollte.

[5] Sartory et al. (2013, S. 43 f.).

[6] Steinke (2014, S. 113).

Der Leiter des Krisenstabs wird durch das Krisenteam unterstützt, dessen Aufgabe es ist, die Notfallmaßnahmen laut Krisenhandbuch festzulegen, den internen und externen Informationsfluss sicherzustellen, die festgelegten Krisenprozeduren in Gang zu setzen, interne oder externe Experten beizuziehen, nötigenfalls ein 24/7-Krisenmanagement sowie die Betriebsfortführung sicherzustellen.

Im Krisenteam erweist sich kooperatives und arbeitsteiliges Verhalten nach innen, aber ein auf möglichst nur eine Person beschränktes Auftreten („Kommunikationsmonopol") nach außen als zweckmäßig: Die meisten Irritationen, Spekulationen und Kontroversen entstehen dadurch, dass von Beteiligten unterschiedliche Informationen und Einschätzungen über Ursachen und Folgen verbreitet werden. Ein Ansprechpartner (One Agenda – One Voice) signalisiert Kontinuität.

Informationsinhalte und -abläufe abzustimmen und für regelmäßige Informationen an die Stakeholder und Medien zu sorgen ist Hauptaufgabe der Kommunikationsverantwortlichen. Beachten Sie dabei auf jeden Fall die Akzeptanz durch die Medien. Wenn es sich um einen Fall handelt, der an der Existenz des Unternehmens rüttelt, dann wird der kommunikative Frontmann auf jeden Fall aus der Geschäftsführung oder dem Vorstand kommen müssen. In diesen Fällen gilt: Verantwortung lässt sich nicht delegieren.

Sinnvoll erweist es sich oft auch, in dieser Situation Kommunikationsagenturen einzubinden, die Erfahrung mit Krisenbewältigung haben. Wenn Sie bereits mit einer Agentur zusammenarbeiten, sollten Sie beizeiten klären, ob hier entsprechendes Know-how und Erfahrung vorhanden sind.

Eine organisatorische Frage, die im Umfeld des Krisenstabs auch zu klären ist, ist die Festlegung eines tauglichen Besprechungszimmers, bisweilen auch martialisch der „**War Room**" genannt. Dieser Raum muss die entsprechende technische Ausstattung (Computer mit Zugriff auf das Intra- und Internet, Pinnwände oder Flipcharts, Moderationskoffer mit Karten, Papier und Schreibstiften, Beamer, Telefone, Radio und Fernseher) haben.[7] Hier liegt auch eine gedruckte Version des Krisenhandbuchs mit allen Telefonverzeichnissen auf, falls – etwa bei einem Brand, Hochwasser oder Stromausfall – die Online-Version nicht zur Verfügung steht. Je nach Branche und den daraus ableitbaren Schadensereignissen sollten Schutzkleidung, Lampen, Funkgeräte, Video- und Fotokamera zur Dokumentation bereit stehen.[8] Im näheren Umfeld befindet sich sinnvollerweise auch der Raum, in dem die Medien gebrieft werden. Auch dort müssen Computerarbeitsplätze vorhanden sein. Offenes W-Lan für die Durchgabe von schriftlichen oder bildlichen Informationen der Journalisten an die Redaktionen ist eine Mindestvoraussetzung.

[7] Ausführlich dazu: Sartory et al. (2013, S. 50 ff.).

[8] Steinke (2014, S. 62 f.).

Ein systematisches Vorgehen erfordert einen definierten **Führungsprozess**. Dieser besteht aus sechs Verfahrensschritten:[9]

1. Nach Eintritt des Ereignisses und dem Zusammentreten des Krisenstabs beginnt die **Problemerfassung**.
2. Die darauf folgende **Lagebeurteilung** erfordert eine vertiefte Abklärung der Situation und die Beurteilung der Probleme.
3. Darauf aufbauend werden **Lösungsvarianten** ausgearbeitet, deren Vor- und Nachteile abgewogen werden müssen.
4. Im **Ablaufplan** formuliert der Krisenstab die Lösung und die dafür notwendigen Mittel. Hier werden auch die Maßnahmen geregelt.
5. Die konkrete **Auftragserteilung** erfolgt an die Ausführenden, die klar instruiert werden müssen, was von ihnen erwartet wird.
6. Die Abläufe werden laufend kontrolliert und gesteuert (**Ablaufcontrolling**) und gegebenenfalls korrigiert.

Die Problemerfassung ist der erste und wichtigste Schritt jeder Ereignisbewältigung. Hilfreich sind dabei **Checklisten** zur Erfassung der Situation. Bei komplexen Vorgängen und vielen involvierten Stakeholdern ist es sinnvoll, die Informationen auf einer Pinnwand zu notieren und übersichtlich darzustellen. „Die Visualisierung ermöglicht den Mitgliedern des Krisenstabes ein besseres Bild über die Situation und die Zusammenhänge. Das heißt, dass die enorme Fülle an Informationen in einer Krise komprimiert und in einer übersichtlichen, klar strukturierten Art und Weise dargestellt werden müssen.“[10] Tabelle 3.1 listet den Fragenkatalog für das Krisenteam auf. Diese Punkte durchzugehen, zu dokumentieren und zu ergänzen kann in späterer Folge auch wichtig für die Dokumentation sein. Gerade die sachliche und zeitliche Niederschrift aller Ereignisse und Maßnahmen ist für die spätere Aufarbeitung (schlimmstenfalls vor Gericht) dienlich.

[9] Sartory et al. (2013, S. 65 f.).

[10] Sartory et al. (2013, S. 57).

Tab. 3.1 Checkliste Fragenkatalog Krisenteam

Sitzungen finden statt im Raum:		
Medien werden empfangen im Raum:		
Fragen zum Vorfall	*Konsequenzen*	*Verantwortlich*
Was ist passiert?		
Wann ist es passiert?		
Wo ist es passiert?		
Wer hat den Vorfall festgestellt?		
Wer ist verantwortlich?		
Welche Personen- oder Sachschäden sind entstanden?		
Wie hoch sind die Schäden?		
Wie lange dauert es, um sie zu beheben?		
Was ist die Ursache?		
Wie wird die Krise eingestuft?		
Haben die Notfallpläne gegriffen; was wurde bisher getan?		
Welche Informationen werden noch benötigt?		
Welche Konsequenzen kann der Vorfall schlimmstenfalls haben?		
Wann sind die nächsten Informationen verfügbar?		
Wann wird die Krise operativ voraussichtlich erledigt sein?		
Entscheidungen zur Vorgehensweise		
Welches Krisenpotenzial liegt vor?		
Muss das Krisenteam durch externe Experten ausgeweitet werden? Wenn ja, durch wen?		
Müssen Behörden verständigt werden?		
Gibt es bereits Erfahrungen mit ähnlichen Vorfällen?		
Wie werden die Agenden zur Sammlung der Fakten aufgeteilt?		
Welche externen Personen sind bereits informiert bzw. involviert?		
Wie und wann sind die Mitglieder des Krisenteams erreichbar? Ist eine 7/24-Bereitschaft notwendig?		
Medienstrategie		
Welche Medien wissen bereits Bescheid?		
Gab es bereits Anfragen von Journalisten?		
Muss der Vorfall aus rechtlichen Gründen öffentlich gemacht werden?		
Soll der Vorfall sofort oder später aktiv kommuniziert werden oder genügt es, vorerst nur interne Vorbereitungen zu treffen (Argumentarien, Pressetexte)?		

Tab. 3.1 (Fortsetzung)

Sitzungen finden statt im Raum:		
Medien werden empfangen im Raum:		
In welcher Form sollen die Medien informiert werden (Pressekonferenz, Einzelgespräche, Medienmitteilung, Agenturmeldung)?		
Wo werden die Journalisten empfangen?		
Ist die Dark Site der Website zu aktivieren?		
Wurden interne Informationen an die Mitarbeiter gegeben?		
Sind die Telefonzentrale und der Empfang gebrieft?		
Nächstes Meeting		
Wie häufig trifft sich das Krisenteam?		
Wann ist das nächste Meeting?		
Wie werden die Ergebnisse intern ausgetauscht?		
Muss jemand zum nächsten Meeting hinzugezogen werden?		

4 Krisenübungen mit Management und Mitarbeitern

Nachdem nun geklärt ist, in welchen Bereichen Krisen auftreten können, das Krisenhandbuch geschrieben und der Krisenstab eingerichtet ist, wollen wir uns jetzt mit der Frage beschäftigen, welche Vorbereitungsmaßnahmen im Unternehmen notwendig sind. Richten wir also den Blick auf die Vorbereitung des Managements und der Mitarbeiter durch Trainings.

4.1 Training nach Drehbuch

Feuerwehren und Katastrophenschutz veranstalten mindestens jedes Jahr eine Sirenenprobe. Manche Betriebe üben auch bisweilen die Evakuierung der Mitarbeiter im Brandfall. Krisenübungen als „Trockentraining" für den Krisenstab werden hingegen sehr selten durchgeführt. Dort, wo das der Fall ist, bringen sie höchst interessante Aufschlüsse. **Dabei werden mit dem Krisenstab unbekannte Situationen nach einem vorher festgelegten Drehbuch durchgespielt.** Meist wird die situationsbedingte Dramaturgie des Übungsverlaufs von externen Kommunikationsexperten vorgegeben. Einige externe Personen spielen dabei Informanten, Kunden, verärgerte Bürger, recherchierende Journalisten oder Mitglieder von Blaulichtorganisationen. Der Kontakt mit dem Krisenstab erfolgt in der Regel telefonisch, über Mail, eine interne Facebookseite oder das Intranet.

Im „War Room" ist ein Beobachterteam anwesend, das den Übungsablauf dokumentiert, aber nicht eingreift. Bei den Analysen wird besonders auf die Weitergabe und Umsetzung von Informationen, das schnelle Agieren, das umfassende und widerspruchsfreie Kommunizieren sowie die Einhaltung von Zuständigkeiten Wert gelegt. Der Krisenstab setzt die Kommunikation nach innen und außen um. Sinnvoll ist es, dass auf Grund der vorhandenen und laufend eintreffenden

W. Immerschitt, *Aktive Krisenkommunikation,* essentials,
DOI 10.1007/978-3-658-10944-8_4

Informationen schriftliche und mündliche Mitteilungen an die verschiedenen Stakeholder und Medien gestaltet werden.

Am Beginn und zum Ende der Übung steht ein Mediengespräch über den Stand der Dinge und die gesetzten Maßnahmen sowie die Zukunftsperspektiven. Für die Übung ist es hilfreich, wenn zwischendurch „Störaktionen" laufen. Das können interne Informationen von Mitarbeitern sein, die an Behörden, Politik oder Medien gespielt werden. Plötzlich auftauchende Medienvertreter verlangen ein Statement der Geschäftsführung vor der Kamera. Ein internes Dokument taucht auf einer Plattform auf, was darauf hinweist, dass das Intranet gehackt wurde. Der Fantasie, wie der Adrenalinspiegel der Mitglieder des Krisenstabs gehoben werden kann, sind hier keine Grenzen gesetzt.

Am Ende der Krisenübung gibt es vom Regisseur eine selbstkritische Nachbetrachtung, wie die einzelnen Rollen angelegt wurden. Dabei bringen auch die Mitglieder des Krisenstabs ihre Erfahrungen ein. **Solche Übungen machen eindrucksvoll deutlich, dass nie alles reibungslos funktioniert.** Irgendeinen blinden Fleck, der übersehen wurde, gibt es immer. Das Angenehme dabei ist, dass dieser Fehler im Übungsumfeld dazu beiträgt, es künftig besser zu machen. Im wirklichen Leben könnte der gleiche Fehler schwer wiegende Auswirkungen haben.

4.2 Medientraining für die Kommunikatoren

Genauso wenig wie jemand von sich behaupten kann, er sei als Jurist auf die Welt gekommen, kann jemand sagen, er sei ein „geborener Kommunikator". Die richtige Botschaft in für Laien verständlichen Worten, mit der passenden Mimik und Gestik sowie Timbre in der Stimme auszudrücken, will gelernt sein. „Vertrauenserwerb durch personale Kommunikation kann nur funktionieren, wenn die handelnden Personen Kompetenz- und Persönlichkeitsmerkmale haben, die tatsächlich Vertrauensbildung bewirken können."[1]

Selbst in der Laborsituation eines Trainings mit dem angenommenen „Worst Case", der beim repräsentierten Unternehmen auftreten könnte, ist es sehr schwer, in einer Notfallsituation zurecht zu kommen. „Krisenkommunikation ist eine eigene Disziplin, die man nicht über Nacht lernen kann. Die muss man sich Schritt für Schritt erarbeiten durch angemessenes, planvolles Handeln im Kontakt mit den Medien".[2]

[1] Baumgärtner (2008, S. 59).

[2] Puttenat (2009, S. 51).

„Keine strategische Kommunikation kann ohne Ziele funktionieren. Nur koordinierte und gebündelte Kommunikation ist effizient und in ihrer Wirkung messbar."[3] Im Medientraining wird deshalb in der Regel der so genannte Dreisatz vermittelt:

1. Emotionaler Einstieg
2. Maximal drei Argumente
3. Zielsatz

In der Vorbereitung auf ein Gespräch mit Medien überlegen Sie sich zuerst den Zielsatz, dann den Einstieg und erst zum Schluss die Argumente. Die liegen – sobald Sie wissen, wo Sie hin wollen – ohnedies auf der Hand. Mit dem **Zielsatz erläutern Sie, wie Sie von einer problematischen Situation in eine problemfreie Zone zurückkommen wollen.**

Die interessierten und vor allem die betroffenen Menschen wollen in erster Linie hören, welche Lösungen Sie anbieten können, was Sie aus der Krise gelernt haben bzw. lernen und wie Sie im besten Fall gestärkt aus dem abrupten Wandel hervorgehen. Was bedeutet das konkret für die Kommunikation? Halten Sie sich bei Ihren Erläuterungen in Interviews, Pressegesprächen oder Informationsveranstaltungen für Mitarbeiter nicht zu lange bei der Ursachenforschung auf. **Notfallkommunikation beschäftigt sich mit der Lösung vergangener Probleme, Krisenkommunikation bezieht sich auf die Zukunft.** Wenn Sie im entscheidenden Moment Lösungskompetenz zeigen und diese dann auch tatsächlich nachweisen können, werden Sie enorm an Ansehen gewinnen.

Der Zielsatz muss so formuliert sein, dass er zitierbar ist. Die Mindestvoraussetzung ist also, dass dieser Satz Subjekt, Prädikat und Objekt umfasst und nicht länger als zehn Wörter ist. Zudem gilt: Jeder Schachtelsatz stört die Vermittlung des Inhalts.

Der **Einstieg** in das Statement dient dazu, **Aufmerksamkeit** herzustellen, die Zuhörer oder Leser auf eine **Verständigungsebene** zu bringen. Das kann beispielsweise über die Herstellung von Analogien oder Erlebnissen gelingen, die jeder Hörer, Leser oder Zuschauer aus dem eigenen Leben kennt. Die Argumente schließlich dienen zu Untermauerung des Gesagten. **Auf keinen Fall dürfen in den Argumenten Mutmaßungen oder Schuldzuweisungen vorkommen.** Schon gar nicht dürfen Sie Schuld auf Dritte abladen, auch wenn Verdachtsmomente vorliegen. In der Regel bauen Sie dadurch nur eine zusätzliche Front auf, weil die Beschuldigten sich natürlich wehren werden.

[3] Steinke (2014, S. 89).

Medientrainings werden immer aufgezeichnet. Eine der größten Überraschungen der Probanden ist die Erkenntnis, dass **jeder Mensch so etwas wie einen Strichcode auf der Stirn hat, den das Gegenüber abscannen kann, um zu wissen, wie sich der Betreffende fühlt, wie wahr seine Aussagen sind oder wo der schmale Grat zwischen Dichtung und Wahrheit überschritten wird**. Das Fernsehbild macht deutlich, wie stark die Körpersprache wirkt. Dieses Phänomen der emotionalen Empfindung hat schon der armenisch-amerikanische Psychologe Albert Mehrabian[4] untersucht. Er hat die Wirkung von inhaltlichem, stimmlichem und mimischem Ausdruck getestet. Wenn die einzelnen Komponenten einander widersprechen, dominiert die Körpersprache vor der Stimme und dem Inhalt. Bei bebender Stimme und dem buchstäblichen Wahnsinn, der aus den Augen blickt, können die Worte noch so gut gewählt sein: Der Eindruck der Panik überwiegt, die Lösungskompetenz wird in einem solchen Fall mit Sicherheit nicht allzu groß eingeschätzt werden.

[4] http://de.wikipedia.org/wiki/Albert_Mehrabian.

5 Die Psychologie akuter Krisen

Wenn der Krisenfall eintritt, sorgt das für ganz typische Verhaltensweisen – von der Verweigerung bis zum Rückzug auf gewohntes Terrain. „Es gibt nur ein soziales Wesen, das die Veränderung will, nämlich das Baby in der dreckigen Windel." Was da als Soziologenspruch so flapsig daherkommt, hat einen Kern Wahrheit in sich. Es ist empirisch erwiesen, dass viele als abrupt erscheinende Veränderungsprozesse gar keine solchen sind. Sie wurden nur schlicht und ergreifend übersehen. Wenn dann, „wie aus heiterem Himmel" die Krise akut wird, treten eine Reihe von Phänomenen[1] auf, die Lösungen erschweren, wenn nicht gar blockieren. Diese **Reaktionen haben viel mit Angst vor den Auswirkungen der Veränderungen zu tun.** Claudia Mast weist richtigerweise darauf hin, dass die entstehenden Emotionen bei Krisen oft nicht berücksichtigt werden. Dabei ist die Krisenluft mit purer Emotion geschwängert. „Angst ist ein spezieller Erregungszustand und eine elementare, unangepasste gefühlsmäßige Reaktion auf das Erkennen einer … Gefahr, welche die ganze Existenz, Leben, Leistungsfähigkeit der Gesamtpersönlichkeit gefährdet oder zu bedrohen scheint."[2]

Auf die konkrete Krisenbewältigung hat das Vorhandensein von Emotionen massive Auswirkungen. **Es genügt nicht, sachlich an der Ursachenbeseitigung zu arbeiten und den dabei erreichten Fortschritt zu kommunizieren.**

Beispiel

Ein schönes Fallbeispiel dafür ist der Stromausfall im Münsterland. Dort haben ungewöhnliche Nassschneemengen 2005 Hochspannungsmasten der RWE reihenweise geknickt. Nachträgliche Erkenntnis der Öffentlichkeitsarbeiter des

[1] Backhaus (1990, S. 148–155).

[2] Mast (2006, S. 407).

W. Immerschitt, *Aktive Krisenkommunikation*, essentials,
DOI 10.1007/978-3-658-10944-8_5

Stromversorgers: „... in einer akuten Krise interessieren sich die betroffenen Menschen und die Öffentlichkeit nicht für juristisch wasserdichte Argumente. Sie fordern von Unternehmen stattdessen Hilfe, Anteilnahme und emotionale Symbole."[3] Es gilt also, abseits der Fakten mit Empathie an die Sache heranzugehen und sich der Nöte und Ängste der Menschen anzunehmen.

Psychologische Phänomene spielen in der Krise eine enorme Rolle.[4] Beim betroffenen Unternehmen ist da zunächst der **Schock**, der **lähmt**. Die meisten Menschen sind erst einmal erstarrt, wenn sie den Boden unter den Füßen verlieren. Diese momentane Erstarrung ist eine Abwehrreaktion des Gehirns. Sie bewahrt uns davor, mehr verarbeiten zu müssen, als wir im Moment verkraften können. Dazu kommt enormer Zeitdruck, weil ja nicht nur das Problem als solches in den Griff zu bekommen ist, sondern auch eine geordnete Kommunikation in Gang gesetzt werden muss. Dabei kämpfen die Entscheidungsträger mit dem enormen Entscheidungsdruck, für den herkömmliche Mechanismen bestehender Strukturen meist untauglich sind. Sie haben einen Mangel an Informationen, während zugleich Nachforschungen und Mutmaßungen von außen – durch Behörden, Journalisten, Blogger und Postern auf Social-Media- Plattformen – stattfinden. Auf der funktionalen Ebene herrscht Verzweiflung ob der Situation und häufig auch schlicht und ergreifend die Wut auf die mutmaßlichen Verursacher des Problems und nicht selten auch auf die „lästigen" Medien. Dabei treten fast immer zwei Phänomene auf, die beide bar jeder Vernunft sind und vernünftigen Lösungen im Weg stehen.

1. Das erste Phänomen ist das vom Autor so genannte **„Wagenburgsyndrom"**. In früheren Zeiten, als noch John Wayne der Sonne entgegenritt, waren Wagenburgen sehr häufig in Westernfilmen zu sehen. Planwagen wurden kreisförmig zusammengestellt, um eine Barriere gegen angreifende Indianer (die sich eigentlich nur gegen das Eindringen der Siedler in ihr Territorium wehrten) zu errichten. Dann wurde geschossen, was das Zeug hält –ohne zu zielen und zu treffen. Hauptsache laut, viel Pulverdampf und Pseudoaktivität. **Die Belagerungsmentalität prägt auch das Verhalten manches Unternehmens in der Krise.** Das Management erklärt alle „da draußen" für böse, macht ein riesiges Gedöns und versucht, die Situation zu vernebeln. Dazu kommt oft Totalverweigerung gegenüber den Medien oder zumindest panikartige Verhaltensmuster im Umgang mit Journalisten.

---

[3] Rudy und Ackermann (2008, S. 23).

[4] Märtin (2010, S. 42).

2. Die bestehende Panik über den Kontrollverlust sorgt für ein zweites Phänomen, das ich gerne das „**Scheuklappensyndrom**" nenne. **Es nimmt die Sicht auf das große Ganze, auf die Lösung und vor allem auf künftige Entwicklungen,** die es bereits in dieser Phase der Krise anzuschieben gilt. Die Lähmung des Schocks verdichtet sich zu Unfähigkeit, Entscheidungen zu treffen, wichtige Informationen werden ignoriert und Nebensächlichkeiten zur Hauptbeschäftigung.

Freie Sicht und damit der Blick auf Lösungsvarianten gibt es nur, wenn die Entscheidungen in der akuten Krise nicht durch „Hausaufgaben" blockiert werden, die längst hätten erledigt sein können. Machen Sie sich in der Krise diese Faktoren bewusst und zwingen Sie sich, strategisch zu denken. Dazu gehört es, sich Gedanken zu machen, welche Ziele Sie im Hinblick auf welche Dialoggruppen erreichen wollen.

Ziele und Dialoggruppen der Krisenkommunikation

6

Kommunikationsziele lassen sich **hierarchisch** einordnen: Ganz oben sind gesellschaftliche und unternehmenspolitische Werte angesiedelt, darunter die Marken-, Kommunikations- und Maßnahmenziele. Darüber hinaus können Kommunikationsziele in **Kategorien** eingeteilt werden: Sie zielen auf Wahrnehmung, Einstellungen und Verhaltensänderung. Die Komplexität der Krisenkommunikation resultiert nicht zuletzt daraus, dass die Ziele der Kommunikation ganz weit oben in der Hierarchie angesiedelt sind.[1] Es geht um öffentliche Akzeptanz und die Reputation Ihres Unternehmens. Während sonst in der Unternehmenskommunikation häufig die Zielkategorie Wahrnehmung im Vordergrund steht, müssen Sie sich im Krisenfall keine Gedanken darüber machen, wie Sie das knappe Gut der Aufmerksamkeit[2] als Ressource für sich nutzen. Die gesamte Aufmerksamkeit aller Ihrer Stakeholder und der Medien ist in diesem Fall auf Sie gerichtet.

Die „Befriedigung des Rechts auf Wissen“[3] vieler Personengruppen sorgt für zusätzlichen Stress. Zuvorderst wollen die eigenen Mitarbeiter wissen, was eigentlich los ist und wo die Reise hingeht. Dazu kommen weitere interne und externe Stakeholder und Multiplikatoren, die in der nachstehenden Grafik[4] exemplarisch angeführt sind.

„Stake“ bedeutet im englischen „Anspruch“. Die Kommunikation mit den **Stakeholdern** bindet also jene Personenkreise ein, die einen legitimen Anspruch haben, in unternehmerische Entscheidungen mit eingebunden zu werden. Die relevanten Akteure zu erkennen und den Kontakt zu ihnen zu pflegen, ist ein wesentlicher Teil der Krisenprävention und hilft sehr im Akutfall. „Im Idealfall entstehen

[1] Zur Zielhierarchie (Immerschitt 2009, S. 81 f.).

[2] Franck (2007).

[3] Baumgärtner (2008, S. 46).

[4] Immerschitt (2009, S. 79).

W. Immerschitt, *Aktive Krisenkommunikation,* essentials,
DOI 10.1007/978-3-658-10944-8_6

aus einer transparenten Kommunikation belastbare Strukturen und Netzwerke, auf die eine Firma in der Krise zurückgreifen kann."[5]

> Krisen können durch ein Unternehmen – soweit sie kommunikativ lösbar sind – nur auf der Basis der kommunikativen Beziehungen gelöst werden, die vorab etabliert und gelebt wurden.

Mithin ist das auch eine Frage des Vertrauens, das schon vor der Krise erarbeitet wurde.[6] Andreas Schwarz vertritt die These, dass Krisenkommunikation zumeist aus der Sicht des Unternehmens und nicht der Stakeholder betrieben wird. In Experimenten hat er nachgewiesen, dass eine positive Reputation bei den Anspruchsgruppen „präventive Wirkung entfalten kann."[7]

In der Krise müssen Sie entscheiden, welche Dialoggruppen unbedingt aktiv angesprochen werden müssen. **Dabei ist eine Personengruppe stets ganz oben in der Informationspyramide anzusiedeln: die eigenen Mitarbeiter.** Sie haben den höchsten Grad an Ich-Bezogenheit. Wenn Ihr Unternehmen leidet, leiden sie mit. Wenn der wirtschaftliche Erfolg des Unternehmens bedroht ist, hängen ihre Jobs und davon die Existenzen ihrer Familien ab. Sie sind auch diejenigen, die im Zweifel von Außenstehenden gefragt werden, was denn bei Ihnen im Betrieb los ist. Deshalb gilt die Regel:

> Interne vor externer Kommunikation!

Die Praxis und zahlreiche Mitarbeiterbefragungen[8] zeigen, dass nie genug und schon gar nicht zu viel informiert werden kann. Auch hier gilt, dass fehlende Information durch Gerüchte ersetzt wird, die über den „Flurfunk" verbreitet werden. Für nur betriebswirtschaftlich denkende Manager: Jede offene Frage führt zu Informationsgesprächen mit Kollegen und Vorgesetzten. Dadurch wird richtig viel Geld und Arbeitsleistung vernichtet.

Eine nicht zu unterschätzende Herausforderung ist es, alle Beschäftigten zu erreichen. Schon vor dem akuten Fall muss klar sein, wer am besten über welche Kanäle erreichbar ist. Das Spektrum reicht vom Intranet über SMS-Nachrichten, Aushänge am „Schwarzen Brett" bis hin zu mündlichen Informationen durch die

[5] Krämer (2008, S. 149).

[6] Bentele und Janke (2008, S. 112).

[7] Schwarz (2010, S. 243).

[8] Etwa durch Mitarbeiterbefragungstools wie www.jobklima.com.

unmittelbaren Vorgesetzten. Die Mitarbeiter mit Kunden- oder Lieferantenkontakt erhalten im Krisenfall umgehend einen Leitfaden zur Argumentation.

Der **Auswahlprozess der Dialoggruppen** erfolgt nach der Bedeutsamkeit für das Unternehmen. Die zwei wichtigsten Kriterien, die die Auswahl leiten, sind die **Verletzlichkeit des Unternehmens** und das **Einflusspotenzial** einzelner Gruppen. „Sind Sie in einem Bereich besonders leicht angreifbar und vermag eine Teilöffentlichkeit einen großen Einfluss auf Sie auszuüben, sollten Sie der Beziehungspflege … besonderes Augenmerk schenken."[9] Abbildung 6.1 zeigt die wichtigsten Dialoggruppen, die es zu informieren gilt.

Nicht nur die Auswahl der Dialoggruppen spielt eine Rolle, sondern auch das **strategische Timing**. Intern sollte das mittlere Management einen gewissen zeitlichen und inhaltlichen Vorsprung vor allen anderen Mitarbeitern haben. Denn diese werden ihre unmittelbaren Vorgesetzten höchstwahrscheinlich nach Zusatzinformationen und Meinungen fragen. Wenn die nicht vorhanden sind, kann das leicht zur Aussage führen: „Das kann ich Ihnen auch nicht sagen, das haben die da oben ausgeheckt. Ich weiß auch nicht mehr als Sie."

Zur Priorisierung einzelner Dialoggruppen und zum strategischen Timing drei Beispiele:

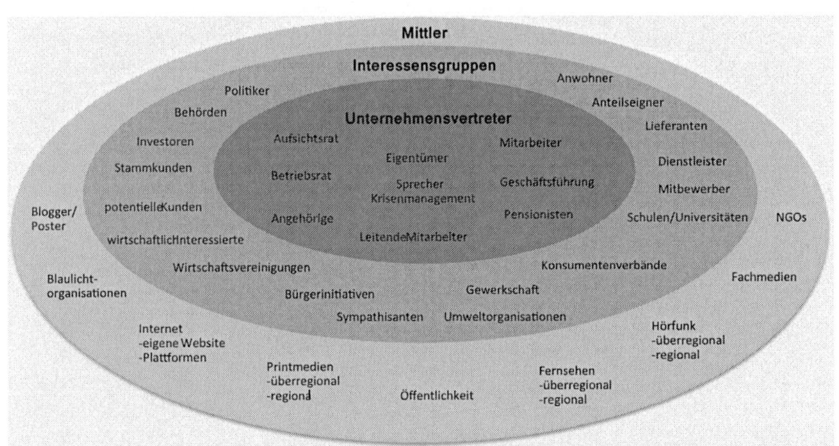

Abb. 6.1 Stakeholder

[9] Wallinger (1994, S. 24 ff.).

Beispiel 1

Wenn Sie eine Niederlassung schließen müssen, empfiehlt es sich, zumindest zeitgleich mit den Medien und unmittelbar nach der Belegschaft die Politik, die Arbeitsmarktbehörden und gegebenenfalls auch die Interessenvertretung der Arbeitnehmer zu informieren und ihnen die Hintergründe darzulegen.

Beispiel 2

Bei einem Unfall mit Auswirkungen auf die Ökologie sollten Ihre Anwohner und die Behörden, die Ihre Anlagen zu genehmigen haben, aus erster Hand Informationen erhalten. Bei Verletzten oder Toten müssen Sie als allererstes dafür sorgen, dass die Angehörigen verständigt werden.

Beispiel 3

Gibt es Auswirkungen auf die Umgebung Ihres Unternehmens, sind die Anwohner des Standorts eine wichtige Dialoggruppe. Erläutern Sie Ursachen und vor allem die Maßnahmen, die sicherstellen sollen, dass künftig keine vergleichbaren Vorfälle mehr passieren können. Wenn möglich, organisieren Sie eine Bürgerinformation, bei der Sie direkt Rede und Antwort stehen können. Das ist allemal glaubwürdiger als eine noch so gut und verständlich aufbereitete schriftliche Information. Diese können Sie natürlich beim Gesprächstermin jedem Teilnehmer zusätzlich übergeben.

Erfolgsfaktoren der Krisenkommunikation

7

Das Eingehen auf die Interessen der Stakeholder ist ein erster Erfolgsfaktor der unternehmerischen Kommunikation zur Lösung von Krisensituationen. Sie sollten sich aber schon in ganz normalen Zeiten dem **Dialog mit den Anspruchsgruppen** stellen. Dadurch können Beziehungen und Vertrauen zwischen Ihrem Unternehmen, den Interessensgruppen sowie den Medien aufgebaut werden. Außerdem lernen Schlüsselpersonen Ihres Unternehmens im Alltag den Umgang mit den Medien.[1] Die Erfahrung lehrt, dass Kommunikationsverweigerer in der Krise massiv abgestraft werden.

Die **strategische Vorbereitung** auf verschiedene Anlassfälle ist der zweite Erfolgsfaktor erfolgreicher unternehmerischer Krisenkommunikation: „Die Wahrscheinlichkeit, dass die Kommunikation außer Kontrolle gerät, wird durch eine sorgfältige Vorbereitung verringert. Dazu trägt allein das durch die Vorbereitung gewonnene Sicherheitsgefühl bei: Das Management fixiert die Krisensymptome nicht mehr tatenlos, sondern hat Spielraum zur kreativen Bewältigung der Situation."[2]

Geschwindigkeit spielt eine wichtige Rolle: Jedes Kommunikationsvakuum, das Sie hinterlassen, wird gefüllt. Mit der höchst negativen Nebenerscheinung, dass Sie sich damit selbst als ernst zu nehmender Informationslieferant aus dem Rennen nehmen. Das Grundgesetz der effizienten Krisenkommunikation lautet: „schnell sein, konsistent und ohne Widersprüche mit einer Stimme sprechen und möglichst offen."[3] In Krisensituationen müssen die Abstimmungswege über Texte möglichst kurz sein, denn hier steht die Schnelligkeit im Vordergrund. Die formellen „Freigabewege" treten außer Kraft. Die Kommunikationsverantwortlichen

[1] Riecken (2008, S. 207).

[2] Mast (2006, S. 414).

[3] Mast (2008, S. 99).

W. Immerschitt, *Aktive Krisenkommunikation,* essentials,
DOI 10.1007/978-3-658-10944-8_7

entwerfen einen Text, der Vorsitzende des Krisenstabes (und sonst niemand) gibt ihn frei. Schreiben Sie das auch genau so in Ihr Krisenhandbuch.

Die ersten kommunikativen Aktivitäten müssen spätestens eine Stunde nach Auftreten des Ereignisses gesetzt werden. Manchmal muss es auch noch schneller gehen. Das liegt daran, dass die Medien miteinander im Wettbewerb stehen. Wer die Geschichte schneller hat, gewinnt im Wettlauf um Leser, Hörer und Zuschauer. Dafür ist jeder Informant willkommen. Wenn Sie in diesem Zeitraum nicht aus der Schockstarre erwachen, kann es Ihnen passieren, dass Sie später gar nicht mehr oder nur noch negativ zu Wort kommen.

Unter Journalisten gilt ein ungeschriebenes Gesetz: „Wer mir als erster eine Geschichte erzählt, dem gehört sie auch." Der Kampf um die beste Story treibt bisweilen auch absurde Blüten. Wer am Boden liegt, auf den wird noch ordentlich draufgetreten. Oder anders formuliert: Der Effekt von Krisen wird „durch die von den Medien permanent erzeugten fiktionalen Wirklichkeitsentwürfe, die längst das Potenzial besitzen, Krisen herbei zu kommunizieren."[4]

Völlige **Offenheit** ist von der ersten Minute an angesagt, wenn Menschen in Gefahr sind, wenn die umlaufenden Gerüchte mehr Schaden anrichten als das offene Wort und wenn der Wille vorhanden ist, Fehler zu beheben oder sogar rechtlich zwingend beseitigt werden müssen. Schließlich sollte auch ein Grund nicht übersehen werden, der immer mehr an Bedeutung gewinnt: Zurückhalten von Informationen kann auch gegen die Veröffentlichungspflicht gegenüber Investoren verstoßen.

Juristen tendieren häufig dazu, von aktiven Maßnahmen abzusehen. Das funktioniert nur in den seltensten Fällen: „Kein Kommentar" ist zwar vermeintlich bequem, führt in der Regel aber geradewegs ins Desaster. Die Kommunikationsverweigerung stachelt Journalisten an, Informanten zu finden, die gerne sprechen. In verärgerten Stakeholdern, die gerade in der Krise ein Recht haben zu erfahren, was warum passiert ist, wie das Unternehmen reagiert und wie in Zukunft ähnliche Vorfälle vermieden werden, werden sie freudige Informanten finden. Es ist eben ein Kernelement von Krisen, dass es Interessenskonflikte zwischen verschiedenen Anspruchsgruppen gibt. Es wäre naiv zu glauben, dass die sich dann nicht äußern.

Es gibt zwei Arten von Maßnahmen, die Sie ergreifen können:

1. **Reaktive Maßnahmen:** Diese Maßnahmen helfen bei der Vorbereitung auf die aktive Krisenkommunikation. Dazu gehören beispielsweise:
   - Monitoring der Medien
   - Vorbereitung von Medieninformationen, Argumentarien, Fragen-Antworten-Kataloge

[4] Merten (2008, S. 93).

- Erarbeiten von Instruktionen für die Mitarbeiter im Kundenkontakt
- Kontrolle der Vollständigkeit der Kontaktdaten wichtiger Stakeholder und
- Aufbau von Supporter-Lobbys, die im Falle einer akuten Krise als Fürsprecher des Unternehmens in Frage kommen.

2. **Proaktive Maßnahmen:** Diese Maßnahmen dienen dazu, Medien und Stakeholder über die aktuelle Situation und die Maßnahmen zur Lösung des vorhandenen Problems zu informieren:
   - Onlineinformationen (Kurzmeldung auf der Startseite der Website, Dark Site, Blog, Social Media)
   - Ad-hoc Meldungen
   - Medieninformationen
   - Journalisten-Einzelgespräche
   - Hintergrundgespräche
   - Pressekonferenzen
   - bezahlte redaktionelle Beiträge
   - Mitarbeiterinformationen
   - Einrichtung einer (kostenlosen) Telefonhotline
   - Bürgerinformationen
   - Informationsgespräche mit relevanten Entscheidern und Multiplikatoren.

7.1 Kanäle für die Verbreitung der Informationen

Grundsätzlich gilt, dass mit dem Grad der Betroffenheit von einzelnen Stakeholdern auch die Notwendigkeit steigt, sich persönlich um diese Personengruppen zu kümmern. Verlassen Sie sich keinesfalls einfach darauf, dass Ihre schriftlichen Mitteilungen das Informationsbedürfnis decken oder die Medien Ihre Arbeit erledigen werden. Dazu ein Beispiel:

Beispiel

Wenn Sie eine Niederlassung Ihrer Firma schließen müssen, können Sie Ihre Mitarbeiter nicht mit einer schriftlichen Information abspeisen. Das gleiche gilt auch für Nachbarn Ihres Betriebs, wenn Sie einen Gasaustritt hatten. Sind Personen zu Schaden gekommen, ist es Ihre traurige Pflicht, höchst persönlich mit den Opfern und deren Angehörigen zu sprechen.

Wenn Sie sich auf ein professionelles Krisenmanagement in Ihrem Unternehmen vorbereiten, würde ich Ihnen raten, einmal das Kriseninterventionsteam des Roten Kreuz zu begleiten. Danach sind Sie mit Sicherheit persönlich sehr emotionalisiert und werden verstehen, wie wichtig es ist, dass Betroffene über das Erlebte sprechen können.[5]

Wenn Sie alle unmittelbar Betroffenen über die **interpersonelle Kommunikation** erreicht oder diese zumindest angebahnt haben, ist der nächste Schritt, dass Sie alle Kanäle bedienen, die Sie selbst beeinflussen können. In erster Linie ist das natürlich Ihre eigene Website. Hier können und müssen Sie die Informationen posten, die Sie für die Öffentlichkeit bestimmt haben.

Ihre Stakeholder werden zuallererst auf Ihrer **eigenen Website** nachsehen, was Sie zu sagen haben. Fatal ist es, wenn Sie als „Ich-Verleger" versagen. Das Mindeste ist, dass Sie alle Informationen, die an die Medien gehen, zeitgleich auch in Ihrer Mediencorner publizieren. Vernünftigerweise werden Sie auf Ihrer Startseite einen Raum für wichtige Nachrichten frei halten oder nötigenfalls sogar die gesamte Startseite der Krise widmen. Das nennt sich dann eine **„Dark Site"**, die quasi über die normale Startseite gelegt wird.

Diese Dark Site können Sie vorbereiten. Lassen Sie ein anlassbezogenes Design – das sich vom normalen Onlineauftritt unterscheidet – entwickeln und füllen Sie diese Seite mit „Lückentexten" und Bildern. Dank der modernen Content-Marketing-Systeme können die Texte und Bilder bei vorhandenen Templates ganz einfach eingefügt werden. Damit vermeiden Sie, dass Ihr Internetauftritt im Ausnahmefall so aussieht, als wäre nichts geschehen. Massive Kritik an Unternehmen in der Krise kommt immer dann, wenn im Internet die heile Welt herrscht, während in der Realität alles lichterloh brennt.

Sobald Sie auf Ihrer Website Informationen platziert haben, können Sie auf allen **Social-Media- Kanälen**, die Sie bespielen, sehr einfach eine **Verlinkung** herstellen. Das ist in der Regel in wenigen Minuten erledigt.

7.2 Reaktive und proaktive Medienarbeit

Zum Thema Medienarbeit gibt es eine Reihe von Ratgebern, die detaillierte Tipps geben.[6] An dieser Stelle genügen deshalb einige Anmerkungen zu den Spezifika in Krisensituationen.

[5] Mehr zum Thema Krisenbewältigung können Sie bei (Sartory et al. 2013, S. 162 ff.) nachlesen. Hier finden Sie beispielsweise auch eine Checkliste, was Sie beachten müssen, wenn es zu einem Todesfall im Betrieb kommt.

[6] Immerschitt (2010).

Die schnellste Form der Information an die Medien funktioniert per **E-Mail.** Entsprechende Verteilerlisten haben Sie ja bereits. Sie sind Bestandteil Ihres Krisenhandbuchs. Gut wäre es, wenn Sie ein CRM-Programm zur Verfügung haben, das jede Mail einzeln verschickt, damit Sie nicht gleich im Spamordner landen. Beschränken Sie sich bei der Erstinformation auf die Mitteilung, was passiert ist und welche weiteren Schritte geplant sind. Sagen Sie, welche Behörden eingeschaltet wurden und bis wann die Situation voraussichtlich bereinigt sein kann, sofern Sie das wissen. Kündigen Sie auf jeden Fall den nächsten Zeitpunkt an, zu dem Sie über den Fortgang der Krisenbewältigung berichten werden. Laden Sie gegebenenfalls auch interessierte Medien zu einem zeitnahen Pressegespräch. Tun Sie das nicht, kommen sie bei entsprechender Bedeutung des Vorfalls von ganz allein.

Ferner sollten alle Medienmitteilungen auch immer Namen, Mobiltelefonnummer und E-Mail-Adresse einer Ansprechperson für Rückfragen enthalten. Die Erreichbarkeit dieser Person muss dann aber auch gewährleistet sein. Wenn notwendig, auch sieben Tage die Woche rund um die Uhr.

Eine besondere Form der Medieninformation ist die **Ad-hoc-Meldung**. Sie ist vor allem bei Aktiengesellschaften gebräuchlich, weil diese verpflichtet sind, kursrelevante Informationen unverzüglich an ihre Aktionäre weiterzugeben. Diese Meldung kann sich auf wenige Zeilen beschränken („CEO kündigt Rücktritt an", „Werk wird geschlossen"). Zusätzlich teilen Sie mit, wann weitere Informationen zu erwarten sind bzw. über welche Kanäle diese veröffentlicht werden.

In der alltäglichen Unternehmenskommunikation werden „Pressekonferenzen wohl demnächst unter Artenschutz gestellt. Sie sterben nämlich langsam aber sicher aus."[7] Das liegt ganz einfach daran, dass sie viel Zeit erfordern, die Journalisten einfach nicht mehr haben. In Krisenzeiten ist das anders. Hier sind **Pressekonferenzen** ein unverzichtbares Instrument, um Offenheit zu signalisieren und den Dialog führen zu können.

Auf einer Pressekonferenz sollte zunächst der bestehende Sachverhalt kurz dargestellt werden. Anschließend ist Zeit für Fragen, die vom Kommunikationsverantwortlichen des Krisenstabs oder bei komplexen Themen auch von beigezogenen Experten beantwortet werden. **Vermeiden Sie beim Briefing der Medien endlose Ausführungen.** Je mehr Sie sprechen, desto größer ist die Gefahr, dass Sie sich in einen Wirbel hineinreden. Das gilt auch für die Beantwortung der Journalistenfragen im Anschluss an Ihre Darlegung der Situation.

Pressekonferenzen durchzuführen bedeutet für alle Betroffenen erheblichen Stress, da hier alle genannten psychologischen Faktoren wirken. Es kommt dazu, dass Journalisten kritischer und aggressiver fragen. Genau auf diese Situation

[7] Immerschitt (2010, S. 90).

müssen Kommunikationsverantwortliche durch ein Medientraining vorbereitet werden. Sollte sich beim „Trockentraining" herausstellen, dass der auserkorene Sprecher für diesen Job nicht geeignet ist, müssen Sie nach Alternativen suchen. Allerdings ist es leider oft so, dass das nicht geht, weil sich niemand traut zu sagen, dass der CEO nicht zur Lösung des Problems beiträgt, sondern selbst ein (kommunikatives) Problem ist.

Gerade in Krisenfällen sind Medien erpicht auf das **persönliche Gespräch**. Bei Radio- und Fernsehsendern ist das selbstverständlich, weil sie ja einen Originalton benötigen. Aber auch bei Printmedien macht die Einladung der Key-Journalisten Sinn, denn das schafft einerseits den Eindruck, dass offen kommuniziert wird. Andererseits findet das Gespräch in einer gewohnten – „sicheren" – Umgebung statt. „Das persönliche Gespräch schafft eine ganz andere Atmosphäre als ein relativ anonymes Telefoninterview, das nur scheinbar bequemer für Sie ist."[8]

Wechseln Sie bei der **Vorbereitung von Interviews** die Blickrichtung. Stellen Sie sich die einfache Frage: Was würde mich interessieren, wenn ich der Journalist wäre? Sie können auch überlegen, was Sie selbst über den Fall in der Zeitung lesen möchten, um sich informiert zu fühlen. Mit diesem Ansatz kommt nämlich auch der Interviewer zu Ihnen, der sich als Anwalt seiner Abonnenten, Hörer oder Zuschauer sieht. In der Folge stellen Sie dann einen Frage- und Antwortkatalog zusammen. Seien Sie dabei ehrlich und fragen Sie sich selbst, wo die Schwachstellen bzw. Lücken in Ihrer Argumentation sind.

Zur Vorbereitung eines Interviews sollten Sie die Suchmaschinen auf die letzten zehn Geschichten durchkämmen, die dort über Ihr Unternehmen zu finden sind. Denn die könnten der Recherche im Vorfeld dienen. Natürlich sollten Sie auch wissen, was Sie selbst in letzter Zeit kommuniziert und in Ihrem Mediencorner publiziert haben.

Vorsicht vor Interview-Fallen. Lassen Sie sich nicht die Sprechgeschwindigkeit des Reporters aufdrängen. Wenn Sie sehr schnell sprechen, klingt das gehetzt („auf der Flucht"). Wiederholen Sie keine Interpretationen oder Spekulationen und schon gar keine Unterstellungen. Fehlinterpretationen müssen Sie korrigieren, damit sie nicht im Raum stehen bleiben.

[8] Kleikamp (2014, S. 15)

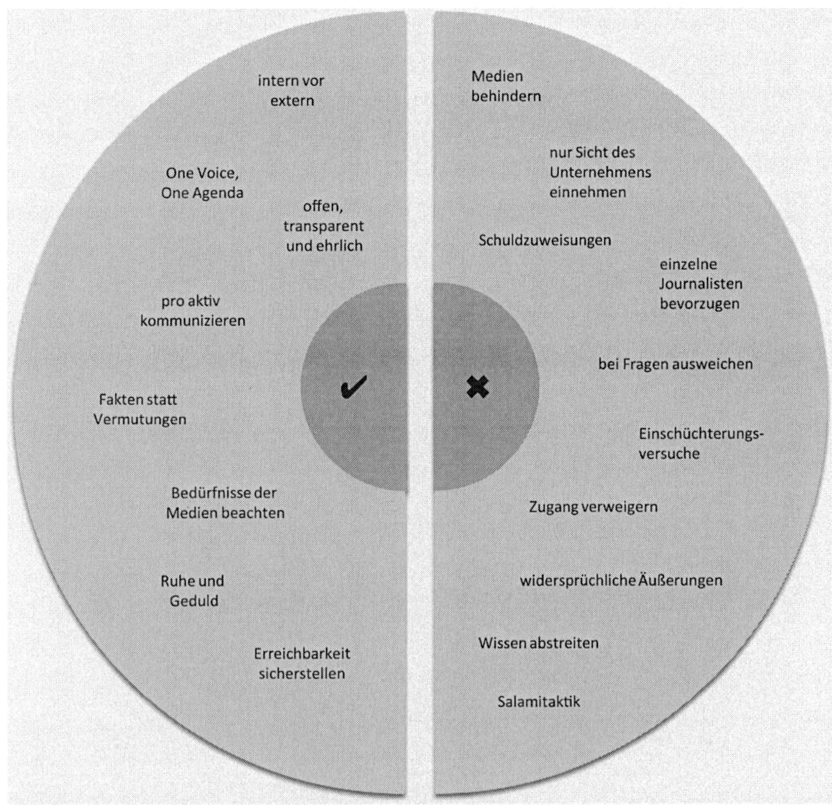

Abb. 7.1 Dos und Don'ts im Umgang mit Journalisten

In Abb. 7.1 wird das eben Gesagte nochmals kurz zusammengefasst. Im linken Bereich sind die Dos im rechten Bereich die Don'ts aufgelistet, die es in der Medienarbeit zu bedenken gibt.

8 Die Lehren aus dem Geschehenen ziehen

„Nach der Krise ist vor der Krise", heißt es so schön in Anlehnung an den deutschen Fußballphilosophen Sepp Herberger. Die Versuchung, nach Bewältigung einer Krise zur Tagesordnung überzugehen, ist sehr groß. Zumal dann, wenn alles einigermaßen gut ausgegangen ist. Das wäre aber ein Fehler. Jetzt gilt es, die noch frischen Erfahrungen unter die Lupe zu nehmen. „Die Zeitperiode nach der hitzigen, öffentlichen Diskussion und emotionalisierenden Medienberichterstattung bildet ideale Voraussetzungen, ohne Handlungsdruck oder Rechtfertigungszwang Überlegungen anzustellen und Maßnahmen zu ergreifen, um auf die nächste krisenhafte Situation besser vorbereitet zu sein."[1]

Zur sinnvollen Nachbereitung einer Krise gehört es zunächst, alle Dokumente zusammenzutragen. Dazu gehören alle Protokolle der Sitzungen des Krisenstabs, die internen und externen Informationen, eine umfangreiche Mediendokumentation, Screenshots von Postings. Um für künftige Fälle Anhaltspunkte zu bekommen, macht eine Medienresonanzanalyse Sinn. Das heißt, alle Berichte werden auf ihre Wertungsinhalte angesehen (positiv, negativ, aggressiv, neutral). Welche Aspekte wurden besonders stark aufgegriffen? Diese Information hilft, um bei künftigen Fällen genau diese Details besonders sorgsam zu prüfen und zu kommunizieren. Die erschienenen Artikel geben Ihnen auch Aufschluss darüber, ob Sie in Ihren Argumentarien die richtigen Fragen gestellt haben, nämlich die, die tatsächlich die Öffentlichkeit bewegt haben.[2] Eine genaue Dokumentation ist bisweilen auch deshalb wichtig, weil es – insbesondere wenn Personen betroffen sind – häufig auch zu gerichtlichen Auseinandersetzungen kommen kann.

[1] Mast (2008, S. 105).

[2] Welche oft überraschenden Fragen gestellt werden, beschreibt (Baier-Fuchs 2008, S. 223) anhand des Bahnunglücks in Eschede.

W. Immerschitt, *Aktive Krisenkommunikation,* essentials,
DOI 10.1007/978-3-658-10944-8_8

Fragen für die Nachbereitung

- Wie konnte es zum Krisenfall kommen?
- Hat unser Frühwarnsystem funktioniert?
- Haben wir zeitgerecht reagiert (bzw. reagieren können)?
- War das Krisenteam richtig zusammengesetzt?
- Wurde untereinander transparent und zielgerichtet kommuniziert?
- Was sollte im Wiederholungsfall anders gemacht werden?
- Mit welchen Personen und Organisationen waren wir im Kontakt?
- Wie verlief der Informationsvorgang intern und extern?
- Hatten wir die richtigen Sprecher?
- Wurde jemand übersehen, der informiert hätte werden sollen?
- Wie ist die Medienarbeit verlaufen?
- Wie haben die Poster in den sozialen Medien agiert?
- Bei wem sollten wir uns bedanken für seine Arbeit?
- Kann die Sache noch einmal hochkochen?
- Wie werden wir jetzt intern und extern wahrgenommen?
- Wie sehr hat die Unternehmensreputation gelitten?
- Wie sieht es mit der Loyalität der Mitarbeiter aus?

Daniela Puttenat hat den Sinn dieser Übung so beschrieben: „In der Nachbesprechung geht es nicht darum, sich gegenseitig auf die Schultern zu klopfen und zu versichern, dass ja alles nicht so schlimm gewesen war. Es geht auch nicht darum, eine therapeutische Sitzung mit Tränen und Offenbarungen zu veranstalten. Es geht um nichts mehr und nichts weniger, als zusammen offen und ehrlich die Krise zu analysieren, um es das nächste Mal besser zu machen.“[3]

► Indem Sie alle gesetzten Maßnahmen auf den Prüfstand von Effizienz und Effektivität geben, haben Sie auch schon wieder einen weiteren wichtigen Schritt zur Bewältigung künftiger Krisen gesetzt.

[3] Puttenat (2009, S. 154).

Was Sie aus diesem Essential mitnehmen können:

- Wie Sie Ihr Unternehmen strategisch, organisatorisch und kommunikativ für Krisensituationen vorbereiten und sensible Themen durch Auswertungen des Qualitäts- und Beschwerdemanagements bzw. durch Issue Management identifizieren;
- Wie Sie Abläufe, Verantwortlichkeiten, interne Verständigungsketten und Leitfäden für Kommunikatoren nach innen und außen systematisch festlegen;
- Welche Kriterien Sie bei der Zusammensetzung und den Abläufen des Krisenstabs anlegen müssen;
- Dass es unumgänglich ist, die Agenden für die Beseitigung der Krisenursachen und den Kontakt mit den Behörden personell streng von den Kommunikationsaufgaben zu trennen;
- Dass die Verletzlichkeit des Unternehmens und das Einflusspotenzial einzelner Gruppen entscheidend ist für den Auswahlprozess der anzusprechenden Stakeholder;
- Welche Kriterien in der Krisenkommunikation gegeben sein müssen, damit reaktive und proaktive Maßnahmen erfolgreich sind;
- Welche Fragen Sie sich bei der Nachbereitung einer eben überstandenen Krise stellen sollten, um den optimalen Lerneffekt aus dem Erlebten mitzunehmen.

W. Immerschitt, *Aktive Krisenkommunikation,* essentials,
DOI 10.1007/978-3-658-10944-8

Literatur

Arlt, Hans-Jürgen. 2008. Krisen sind auch nicht mehr das, was sie einmal waren. Über die Differenz funktionaler und individueller Kommunikation. In *Krisenmanagement in der Mediengesellschaft. Potenziale und Perspektiven der Krisenkommunikation,* Hrsg. Thomas Nolting und Ansgar Thießen, 63–82. Wiesbaden: VS Verlag für Sozialwissenschaften.

Baier-Fuchs, Anfried. 2008. Machen die Medien die Krise? Trifft es immer nur die anderen. Warum und wie sich jedes Unternehmen auf den Ernstfall vorbereiten sollte. In *Krisenmanagement in der Mediengesellschaft. Potenziale und Perspektiven der Krisenkommunikation,* Hrsg. Tobias Nolting und Ansgar Thießen, 218–225. Wiesbaden: VS Verlag für Sozialwissenschaften.

Baumgärtner, Norbert. 2008. Risiken kommunizieren – Grundlagen, Chancen und Grenzen. In *Krisenmanagement in der Mediengesellschaft. Potenziale und Perspektiven der Krisenkommunikation,* Hrsg. Tobias Nolting und Ansgar Thießen, 41–62. Wiesbaden: VS Verlag für Sozialwissenschaften.

Bentele, Günter, und Katharina Janke. 2008. Krisenkommunikation als Vertrauensfrage? Überlegungen zur krisenbezogenen Kommunikation mit verschiedenen Stakeholdern. In *Krisenmanagement in der Mediengesellschaft. Potenziale und Perspektiven der Krisenkommunikation,* Hrsg. Tobias Nolting und Ansgar Thießen, 112–134. Wiesbaden: VS Verlag für Sozialwissenschaften.

Bentele, Peter, Romy Fröhlich, und Romy Szyszka. 2005. *Handbuch der Public Relations. Wissenschaftliche Grundlagen und berufliches Handeln.* Wiesbaden: VS Verlag für Sozialwissenschaften.

Bernet, Marcel. 2006. *Medienarbeit im Netz. Von E-Mail bis Weblog: Mehr Erfolg mit Online-PR.* Zürich: Verlag Orell Fuessli.

Brauer, Gernot. 1993. *Econ Handbuch Öffentlichkeitsarbeit.* Berlin: Verlag Econ.

Bruhn, Manfred. 2003. *Integrierte Unternehmens- und Markenkommunikation. Strategische Planung und operative Umsetzung.* Stuttgart: Verlag Schäffer Poeschel.

W. Immerschitt, *Aktive Krisenkommunikation,* essentials,
DOI 10.1007/978-3-658-10944-8

Deekeling, Egbert, und Olaf Arndt. 2006. *CEO Kommunikation. Strategien für Spitzenmanager*. Frankfurt a. M.: Campus Verlag.

Doppler, Klaus, und Christoph Lauterburg. 2002. *Change Management. Den Unternehmenswandel gestalten*. 10. Aufl. Frankfurt a. M.: Campus Verlag.

Dörrbecker, Klaus, und Thomas Rommerskirchen. 1990. *Blick in die Zukunft: Kommunikations-Management. Perspektiven und Chancen der Public Relations*. Remagen: Verlag Rommerskirchen.

Dreyer, Axel, und Klaus Rütt. 2008. ‚Im Zeichen des Tsunami' – Touristisches Ereignis- und Krisenmanagement bei der TUI. In *Krisenmanagement in der Praxis. Von erfolgreichen Krisenmanagern lernen,* Hrsg. Frank Roselieb und Marion Dreher, 57–82. Berlin: Erich Schmidt Verlag.

Falkenberg, Viola. 2008. *Pressemitteilungen schreiben: Die Standards professioneller Pressearbeit. Mit zahlreichen Übungen und Checklisten. 6., aktual. u. erw. Aufl. Frankfurter Allgemeine Buch*. Frankfurt a. M.: F.A.Z.-Institut für Management-, Markt- und Medieninformationen GmbH.

Fischer-Appelt, Bernhard. 2009. Frühwarnsysteme in der Krisenkommunikation. In *Krisenmanagement in der Mediengesellschaft. Potenziale und Perspektiven der Krisenkommunikation,* Hrsg. Tobias Nolting und Ansgar Thießen, 185–192. Wiesbaden: VS Verlag für Sozialwissenschaften.

Flaskamp, Jan, und Klaus Schmidbauer. 2003. *Kommunikation als Gesamtkunstwerk. Praxisleitfaden für die Umsetzung von integrierter Kommunikation*. Berlin: Vistas Verlag.

Franck, Georg. 2007. *Ökonomie der Aufmerksamkeit. Ein Entwurf*. München: Verlag Carl Hanser.

Immerschitt, Wolfgang. 2009. *Profil durch PR. Strategische Unternehmenskommunikation – vom Konzept zur CEO-Positionierung*. Wiesbaden: Gabler Verlag.

Immerschitt, Wolfgang. 2010. *Crossmediale Pressearbeit. Unternehmensbotschaften über klassische und neue Kanäle gekonnt platzieren*. Wiesbaden: Gabler Verlag.

Immerschitt, Wolfgang, und Markus Stumpf. 2014. *Employer Branding für KMU. Der Mittelstand als attraktiver Arbeitgeber*. Wiesbaden: Verlag Springer Gabler.

Kleikamp, Jürgen. 2012. *Kleines Handbuch der Krisenkommunikation*. Köln: Verlag Greven.

Krämer, Jens. 2008. Krisenprävention als Zusammenspiel der Disziplinen, oder: Ein Orchester, kein Solo-Instrument. In *Krisenmanagement in der Mediengesellschaft. Potenziale und Perspektiven der Krisenkommunikation,* Hrsg. Tobias Nolting und Ansgar Thießen, 147–158. Wiesbaden: VS Verlag für Sozialwissenschaften.

Kruse, Peter. 2004. *next practice – Erfolgreiches Management von Instabilität. Veränderung durch Vernetzung*. Offenbach: Verlag Gabal.

Märtin, Doris. 2010. *Mich wirft so schnell nichts um. Wie Sie Krisen meistern und warum Scheitern kein Fehler ist*. Frankfurt a. M.: Campus Verlag.

Mast, Claudia. 2006. *Unternehmenskommunikation. Ein Leitfaden*. 2. Aufl. Stuttgart: Verlag UTB.

Mast, Claudia. 2008. Nach der Krise ist vor der Krise – Beschleunigung der Krisenkommunikation. In *Krisenmanagement in der Mediengesellschaft. Potenziale und Perspektiven der Krisenkommunikation,* Hrsg. Tobias Nolting und Ansgar Thießen, 98–111. Wiesbaden: VS Verlag für Sozialwissenschaften.

Meerman Scott, David. 2007. *The New Rules of Marketing and PR. How to Use News Releases, Blogs, Podcasting, Viral Marketing & Online Media to Reach Buyers Directly.* New York: Wiley.

Merten, Klaus. 2008. Krise und Krisenkommunikation: Von der Ausnahme zur Regel? In *Krisenmanagement in der Mediengesellschaft. Potenziale und Perspektiven der Krisenkommunikation,* Hrsg. Tobias Nolting und Ansgar Thießen, 83–97. Wiesbaden: VS Verlag für Sozialwissenschaften.

Nagel, Katja. 2013. *CEO-Kommunikation als machtvolles Instrument der Unternehmensführung*. Wien: Linde Verlag.

Nolting, Tobias, und Ansgar Thießen. 2008. *Krisenmanagement in der Mediengesellschaft. Potenziale und Perspektiven der Krisenkommunikation.* Wiesbaden: VS Verlag für Sozialwissenschaften.

Puttenat, Daniela. 2009. *Praxishandbuch Krisenkommunikation. Von Ackermann bis Zumwinkel: PR-Störfälle und ihre Lektionen.* Wiesbaden: Gabler Verlag.

Riecken, Martin. 2008. Zwölf Faktoren erfolgreicher Medienarbeit in Krisensituationen. In *Krisenmanagement in der Mediengesellschaft. Potenziale und Perspektiven der Krisenkommunikation,* Hrsg. Tobias Nolting und Ansgar Thießen, 205–217. Wiesbaden: VS Verlag für Sozialwissenschaften.

Röttger, Ulrike, und Joachim Preusse. 2008. Issues Management. In *Krisenmanagement in der Mediengesellschaft. Potenziale und Perspektiven der Krisenkommunikation,* Hrsg. Tobias Nolting und Ansgar Thießen, 159–184. Wiesbaden: VS Verlag für Sozialwissenschaften.

Röttger, Ulrike, Joachim Preusse, und Jana Schmitt. 2009. Anforderungen und Ansprüche von Fachjournalisten an Onlinepressebereiche. *prmagazin* (1): 59–65.

Roselieb, Frank, und Marion Dreher. 2008. *Krisenmanagement in der Praxis. Von erfolgreichen Krisenmanagern lernen.* Berlin: Erich Schmidt Verlag.

Rudy, Martina, und Sebastian Ackermann. 2008. ‚Blackout im Münsterland' – Krisenkommunikation bei Stromausfällen im RWE-Netz. In *Krisenmanagement in der Praxis. Von erfolgreichen Krisenmanagern lernen,* Hrsg. Frank Roselieb und Marion Dreher, 15–28. Berlin: Erich Schmidt Verlag.

Sartory, Beda, Patrick Senn, Bettina Zimmermann, und Sita Mazumber. 2013. *Praxishandbuch Krisenmanagement. Krisenmanagement nach der 4C Methode.* Zürich: Midas Management Verlag.

Schulz-Bruhdoel, Norbert, und Katja Fürsten. 2008. *Die PR- und Pressefibel. 4. Aufl. Frankfurter Allgemeine Buch.* Frankfurt a. M.: F.A.Z.-Institut für Management-, Markt- und Medieninformationen GmbH.

Schwarz, Andreas. 2010. *Krisen-PR aus Sicht der Stakeholder. Der Einfluss von Ursachen- und Verantwortungszuschreibungen auf die Reputation von Organisationen.* Wiesbaden: Verlag Springer Gabler.

Steinke, Lorenz. 2014. *Kommunizieren in der Krise. Nachhaltige PR-Werkzeuge für schwierige Zeiten.* Wiesbaden: Verlag Springer Gabler.

Thießen, Ansgar. 2011. *Organisationkommunikation in Krisen. Reputationsmanagement durch situative, integrierte und strategische Krisenkommunikation.* Wiesbaden: Verlag Springer VS.